유대인 교육의 1번지
슈마 이스라엘
들으라 이스라엘아!

copyright ⓒ 1982, 2009 by MESORAH PUBLICATIONS, Ltd.
Originally Published in English under the title
SHEMA YISRAEL / THE THREE PORTIONS OF THE SHEMA
4401 Second Avenue, Brooklyn, New York 11232, United Kingdom.
All rights reserved.

This Korean Edition Copyright ⓒ 2012 by DaiSeo, Seoul, Republic of Korea.

This Korean edition is translated and used by permission of
Mesorah Publications Ltd., through arrangement of translator,
Seoul, Republic of Korea.

유대인 교육의 1번지

슈마 이스라엘, 들으라 이스라엘아!

Copyright ⓒ 대서출판사 2012

초판 1쇄 인쇄 2012년 12월 10일
초판 1쇄 발행 2012년 12월 13일

지은이 Rabbi Meir Zlotowitz/ Nosson Scherman
옮긴이 변순복
펴낸이 장대윤

펴낸곳 도서출판 대서
　　　등록 제22-2411호
　　　서울 서초구 방배동 981-56
　　　TEL. 583-0612
　　　FAX. 583-0543
　　　e-mail. daiseo1216@hanmail.net

ISBN 978-89-92619-77-6　(03230)

본 저작물의 한국어 판권은 본 저작물의 역자를 통해 Mesorah Publications와 독점 계약한
대서출판사에 있습니다. 저작권법에 의하여 한국 내에서 보호받는 저작물이므로
무단전재와 복제를 엄격히 금합니다.

- 책 값은 뒤표지에 있습니다.
- 잘못된 책은 교환하여 드립니다.

유대인 교육의 1번지

슈마 이스라엘

들으라 이스라엘아!

Rabbi Meir Zlotowitz • Nosson Scherman | 변순복 옮김

도서출판 **대서**

옮긴이의 말

하나님을 믿는 사람들이면 누구나 신앙고백을 가지고 있으며 그 신앙고백을 가르치고 전수한다.

유대인들에게도 그들이 믿고 고백하며 가르치는 신앙고백이 있다. 자녀가 태어나면 가장 먼저 가르치는 것이 바로 그 신앙고백이다. 그것은 바로 그들의 성경교육의 1번지인 '슈마'이다.

"들으라 이스라엘아!
하쉠임(여호와)은 우리의 하나님이시다.
하쉠임(여호와)은 한분이시다."

유대인들은 자녀들에게 이 말씀을 가장 먼저 가르친다.
왜냐하면 하나님의 선택받은 백성으로 최고의 가치와 의무는 그 분을 증거 하는 증인된 삶을 사는 것이 신앙의 기초이기 때문이다.

하나님께서 자신을 선택하신 이유는
바로 증인 된 삶을 사는 모습을 통하여
후손들이 하나님의 증인으로 세워지기를 원하기 때문이다.

하나님의 증인된 사람은
자신이 증거 하는 하나님을 사랑하여야 한다.
자신이 가지고 있는 마음과 생명과 능력의 모두를 총 동원하여 하나님을 사랑하여야한다.

하나님을 사랑하는 사람은
하나님의 말씀을 머리에 간직하는 것이 아니라,
하나님의 말씀을 마음에 두라는 것이다.
사람은 마음에 있는 대로 살기 때문이다.

'증인이 되라',
'증거 하는 그분을 사랑하라',
'그분을 마음위에 있게 하라'
는 말씀을 자신의 삶 가운데서

    '반복해서 보여주어 따르게 하고',
    '너의 몸에 하나님의 말씀의 표를 가지고',
    '자신의 집에도 방에도 말씀의 표를 가지라'

는 가르침이다.

이러한 가르침을 잘 풀어쓴 책이 있어
번역하여 소개하고자 한다.
이 책을 통해 슈마의 말씀,
한 절, 한 절의 의미를 새롭게 깨닫고
영적인 이스라엘 백성인, 우리들이 마땅히 들어야 할
"슈마 이스라엘"의 원리를 새롭게 이해하고 바라볼 수 있는 안목이 열려지기를 소망한다.

옮긴이의 말

또한 더 깊은 영적인 통찰력과 내가 가지고 있는 것은, 무엇이든 그것을 모두 동원하여 그 한분 하나님만을 사랑하는 데 사용하는 신앙의 삶이 더욱 깊어지기를 바란다.

끝으로 이 책자를 맡아 출판하여 주신 대서 출판사 장대윤 사장님과 강인구 실장님과 모든 선생님들, 그리고 히브리어를 한문자, 한문자 입력하여 고치며 꼼꼼하게 보아준 모창조, 이좌신 목사님께 감사하며, 언제나 옆에서 용기를 주는 아내 변정숙에게 지면을 빌어 감사를 전한다.

안서골 연구실에서
옮긴이

차례

옮긴이의 말 • 4

개요 • 11

   I. 랍비 아키바의 일화 • 16

   II. 유일하신 하나님—궁극적인 목표 • 26

   III. 본문 연구—들으라 이스라엘아 • 38

슈마 본문 읽기 1
신명기 6:4-9 · 43

슈마 본문 읽기 2
신명기 11:13-21 · 115

슈마 본문 읽기 3
민수기 15:37-41 · 151

개요

I. 랍비 아키바의 일화
II. 유일하신 하나님-궁극적인 목표
III. 본문 연구-들으라 이스라엘아

개요

믿음 선언문

אָמַר לָהֶם הקב"ה לְיִשְׂרָאֵל אַתֶּם עֲשִׂיתוּנִי חֲטִיבָה אַחַת בָּעוֹלָם
שֶׁנֶּאֱמַר שְׁמַע יִשְׂרָאֵל ה' אֱלֹהֵינוּ ה' אֶחָד, וַאֲנִי אֶעֱשֶׂה אֶתְכֶם
חֲטִיבָה אַחַת בָּעוֹלָם שֶׁנֶּאֱמַר וּמִי כְּעַמְּךָ יִשְׂרָאֵל גּוֹי אֶחָד בָּאָרֶץ

거룩하신 하나님께서 이스라엘에 말씀하시길, ;

"성경에 기록된 대로

들으라 이스라엘아. 하쉐임[1](여호와)은 [지금] 우리 하나님

---

[1] 유대인들은 하나님의 거룩한 이름 '여호와(יהוה)'를 읽지도 부르지도 않는다. 구별된 이름이라는 의미를 가진 하쉐임(השם)으로 대치해서 읽고 부릅니다. 본서에서는 앞으로 원서의 표기를 따라 '여호와'를 '하쉐임'으로 표기할 것이다.

이시며 [앞으로도 계속] 유일하신 하쉐임이시니(신 6:4)[2]

너희가 나를 우주에서 유일하다고 선포했으니 나 역시 기록된 바와 같이 그리고 누가 당신의 백성 이스라엘과 같으리이까(대상 17:21)

너희를 우주에서 유일한 백성으로 선언하노라

(버라호트(Berachos[3]) 6a)"

유대인들은 아침저녁으로 눈을 감고 '슈마(Shema)'를 읊는다(하쉐임은 우리의 하나님이시며 하쉐임은 한분이시다). 즉, 삶 속에서 가장 중요한 순간을 알리는 '악센트'가 바로 슈마인 셈이다. 이를테면, 안식일이나 각종 성일에 토라를 읽으려고 준비할 때나 새로운 하루를 시작 할 때, 어느 날 밤 쏟아지는 잠을 주체하지 못해 곯아떨어질 때, 혹은 대 속죄일의 대미를 장식

---

[2] 라쉬의 주석에 근거하여 슈마의 첫 구절을 달리 번역했다. 그는 "지금은 이스라엘만이 하쉐임(여호와)을 하나님으로 인정하나 향후에는 전 인류가 하쉐임을 하나님으로 인정할 것"이라고 이야기했다.
[3] 구전 토라 미쉬나를 6부분으로 나눌 때, 첫 번째 부분이 원리가 되는 부분으로, 즈라임이라고 한다. 즈라임에 11권의 책이 포함되어 있는데, 첫 번째 책이 버라호트이다.

하거나 영혼이 육신의 장막을 벗어날 무렵 슈마는 어김없이 등장한다.

또한 문설주에 붙어있는 말씀상자 메주자(mezuzah) 안의 슈마에는 가정을, 미간과 팔에 붙이는 말씀상자 트필린(tefillin)의 슈마에는 지성과 체력을 거룩히 구별한다는 뜻이 담겨있다. 하나님은 이스라엘이 슈마를 통해 '유일하신 주님'을 선포한 데 대해 감사히 여기셨다. 물론 우리의 모습만으로도 그분은 흡족해 하실 테지만 말이다. 앞으로 필자는 기본적으로나마 슈마의 중요성을 살펴볼 것이다. 슈마를 알면 하나님의 충직한 종이자, 선한 백성으로 거듭나리라 믿는다.

I. 랍비 아키바의 일화

생명의 원천

랍비 아키바의 최후를 담은 탈무드 이야기는 읽고 듣는 이에게 진한 감동을 준다. 그는 제2성전이 무너진 후, 로마가 유대인을 거세게 핍박할 때 활동했던 인물이다. 당시 로마제국은 유대교를 독립국가에서 제명하기 위해 안간힘을 썼고 이를 위해 토라 교육을 주된 공격목표로 삼았다. 예컨대, 그들은 랍비를 임명하는 것과 토라를 가르치는 것을 범죄행위로 규정하고 이를 행하는 유대인을 극형으로 다스렸다. 그러나 랍비 아키바는 이에 굴복하지 않았다. 수천 명의 문하생을 둔 그는 이스라엘이 낳은 최고의 현자이자 헌신적인 리더였으며 그 역시 로마당국이 기를 쓰고 자신을 노리고 있다는 것을 잘 알고 있었다. 하지만 이스라엘의 신앙이 위협받고 있는데 개인의 안전과 생존이 토라의 존속과 민족의 안위보다 우선할 수는 없었다. 혹시라도 랍비 아키바가 가르침을 중단했더라면 그는 한낱 로마 집행관의 '끄나풀'로 전락했을 것이다.

자신의 본분을 잘 알고 있었던 아키바는 공공연히 사람들을 모아 토라를 가르치기 시작했다. 그러자 친구 파푸스 벤 여후다(Papus ben Yehudah)는 그의 무모한 태도에 놀라움을 감추지 못했다. 그러면서 파푸스는 아키바를 아끼는 마음으로 말했다.

"아키바, 로마정부가 두렵지도 않은가?"
아키바는 대답했다
"우리가 닥친 현실을 비유를 통해 이야기할 테니 들어보게. 하루는 여우 한 마리가 강둑을 따라 걷고 있는데 고기떼가 기겁을 하며 다른 편으로 헤엄을 치고 있었네.

여우가

'뭐 때문에 도망을 가고 있는 거요?'

라고 묻자 고기는

'어부가 던져놓은 그물을 피하고 있어요'

라고 답했지.

그 말에 여우는 걱정하는 척 하며

'육지로 올라오면 우리가 오순도순 평화롭게 잘 살 수 있을 텐데요.

우리 선친들도 한때 인간들한테 괴롭힘을 당한 적이 있었지요.'

그 때 물고기가 대답하였다네,

'가장 영리하다는 여우가 맞소?

당신은 영리하기는커녕 아주 멍청하군요!

삶의 터전인 물속에서도 생명을 부지할 수 없는데,

죽을 게 뻔한 뭍이라면 훨씬 더 위험하지 않겠소?'

라고 말일세.

랍비 아키바가 말을 이었다.

"우리도 마찬가질세."

"자네도 알다시피 생명과 장수를 누릴 수 있는 토라 연구(신 30:20)를 실천하는 데는 많은 어려움이 있겠지만, 그렇다고 토라 연구를 그만두거나 중단한다면 훨씬 더 위험 한 상황이 오지 않겠는가?"

머지않아 군인들은 랍비 아키바를 잡아 옥에 가두었고 얼마 후 친구 파푸스도 그와 함께 투옥되었다. 그는 친구 아키바를 보며 탄식했다.

"아키바, 자네는 토라를 위해 체포되었으니 얼마나 다행인가! 하지만 난 사소한 잘못으로 여기 들어왔다네."

슈마를 낭독하는 아침, 랍비 아키바는 공개 형장으로 끌려 나왔고, 로마 군인들은 그를 톱(iron combs)으로 고문하기 시작했다. 그러나 몸서리칠만한 통증에도 그는 슈마를 암송함으로써 하나님의 주권을 인정했다. 매우 기쁜 나머지 아픈 줄도 몰랐던 것이다. 그를 잔혹하게 고문하던 로마 사령관 투르누스 루푸스(Turnus Rufus)는 순간 어안이 벙벙해 하며 중얼거렸다.

"이런 엄청난 고문에도 웃을 수 있다니 감각이 없는 겐가!"

"어떻게 저럴 수가……!"

아키바의 제자들도 놀라움을 감추지 못했다.

"토라의 말씀에 내 삶을 맡기노라. 하나님께서 목숨을 취하실지라도 우리는 하나님의 주권과 법을 인정해야 한다고 ― '네 혼을 다해(with all your soul)'라는 말씀과 같이 ― 슈마에서 배웠다. 평소 나는 진정으로 내 자신이 그 정도까지 하나님께 헌신할 수 있을까? 하는 의구심이 들었으나, 지금 나에게 그 기회가 찾아왔으니 이를 기쁨으로 누려야하지 않겠는가?"

임종을 앞둔 그가 말했다.

슈마의 첫 구절(들으라 이스라엘아. 여호와는 [지금] 우리 하나님이시다. [앞으로도 계속] 여호와는 유일하시다.)을 반복하며 '유일하시다(אֶחָד)'를 내뱉는 순간 그의 영혼은 떠나고 말았다.

개 요

그러자 하늘에서는

"랍비 아키바여, 하나님이 한분이심을 선포할 때 네 영혼이 떠났으니 너는 높임을 받으리라! … 또한 내세의 삶이 보장되었으니 칭송을 받으리라!(버라호트 61b, 예루살렘 버라호트 9:5)"

라는 소리가 들렸다고 한다.

랍비 아키바는 지난 2천 년간 타의 귀감이 되는 지도자였다. 나이 40세가 되도록 무지하여 학문하고는 거리가 멀었으나 아내의 격려와 자극에 힘입어 마침내 글 읽는 법을 배웠고 몇 년 후 귀향했을 땐 문하생이 2만 4천명으로 늘었다고 한다. 하지만 그는

"나와 너희가 무엇을 얻었든 내 아내 덕분인 줄 알라"

며 공로를 아내에게 돌리곤 했다. 뿐만 아니라 군 사령관이자 영적 저항군이었던 그는 격동의 세월을 보내며 대대로

토라 연구에 힘쓴 위인이기도 하다.

아키바는 생을 마감할 때까지도 영웅다운 면모를 잃지 않았다. 개인의 안위보다는 '토라의 백성(Torah nation)'인 이스라엘의 생존을 중시했고 최후를 맞이할 때는 최고의 가르침을 들려줬으니 말이다.

이처럼 삶의 진정한 목표는 하나님께 대한 헌신이라야 옳을 것이다. 그는 일평생 하나님의 이름을 성별하기 위해 자신의 안위를 흔쾌히 포기해왔다. 누구도 그 같은 상황에서 자신도 그럴 수 있으리라 장담할 수는 없을 것이다. 기쁨이 통증을 누를 수 있었던 까닭은 줄곧 가르쳐왔던 이상을 자신이 감당할 수 있음을 증명했기 때문이리라.

투르누스 루푸스는 그가 미쳤다고 생각했을지도 모른다. 또한 그를 역사에서 지울 수 있으리라 생각했겠지만 결국 자신은 '만행' 덕분에 세인의 뇌리에 남았고 그에 희생된 아키바는 2천년이 넘도록 '위인'의 반열에 오르게 되었다.

전제조건

유대교에는 믿음의 사람이나 위대한 왕, 혹은 아키바 같이 훌륭한 랍비들이 특별히 지켜야 하는 계명은 없다. 따라서 랍비 아키바가 유일하신 하나님을 선포했을 때 무한한 평안을 느꼈고 생을 마감할 때도 '여호와가 한분'임을 드러냈으며, 하늘에서 들려온 음성조차도 그 점을 강조했다면 남녀노소 할 것 없이 우리도 그런 신념을 달성해야 하지 않겠는가?

슈마는 토라의 계명이자 유대인의 신앙고백이며 하루에 두 번 낭독한다.

하나님이 시내산에서 열 마디 말씀(십계명)을 주셨을 때 이스라엘은 첫 두 가지 말씀을 직접 들었다고 한다. 다시 말해서, 첫 번째 말씀

"나는 하쉐임(여호와), 너의 하나님이다……"

는 하나님 자신이 하나님임을 스스로 선포하신 것이며, 두 번째 말씀

"내 앞에서 타인의 신들을 인정하지 말 지어다"

는 이방신에 대한 믿음을 배격하라는 가르침이었다. 이 둘은 유대교의 원리가 되는 말씀으로 하나님의 존재를 절대적으로 믿으며 주님의 고유한 역할을 다른 존재나 세력과 동일시하지 말아야한다는 뜻이 담겨있다. 그래서 랍비들은

"백성이 왕의 권위를 인정한 후라야 그가 법령을 선포할 수 있다"

고 가르쳤다. 즉, 국민이 인정하지 않은 정부는 법적 권위가 없으며, 제정된 법도 구속력을 발휘할 수 없다는 얘기다. 그러므로 '믿음'이라는 전제가 없다면 토라의 어떤 구절도 구속력이 없으므로 첫 번째 말씀에서 '하나님을 믿어야 한다'는 원리의 말씀이 언급됐다는 것이다. 그리고 주님과 버금가는 신은 없으며 '하나님은 오직 한분'이라는 두 번째 말씀은

사실상 첫 번째 말씀의 결론에 해당된다.

우리는 매일 '하나님의 임재와 인격을 굳게 믿는다(첫 번째 말씀)'고 다짐하기 위해 슈마를 낭독한다(람반과 랍비 바히야의 신명기 6:4 주석, 람밤, 세페르 하미쯔보트 아세 1, 2 비교).

그렇다면 하나님이 한분이라는 점이 신앙고백에 포함돼야 하는 까닭은 무엇이며, 랍비 아키바가 죽기 전 "하나(אֶחָד : 에하드)"를 강조한 이유는 무엇일까? 최후의 순간에 그랬다는 점에서도 중요하지만 "영혼이 떠날 때 하나님이 한분이라는 것을 드러냈다"며 하나님께서 친히 그를 높이셨고 "그가 내세에 들어갔다"고 선포하셨다는 점에서도 가볍게 넘길 문제는 아니다.

II. 유일하신 하나님 - 궁극적인 목표

유일신 사상과 영향력

'유일하신 하나님'이라는 말씀에서 두 가지 명제가 뚜렷하게 나타난다.

1) 하나님과 어깨를 나란히 할 수 있는 대상은 없으며
2) 주님의 영향력에서 벗어날 수 있는 존재는 없다는 것이다.

하나님이 한분이시라는 명제는 하쉐임(יהוה: 여호와) 외에 다른 신은 없으며 하나님은 누구와도 비교할 수 없다는 점을 암시한다. 그러면 람밤의 두 번째 신조를 보자.

개 요

"창조주 하나님은 유일하시며

　어느 누구도 그분의 고유한 인격을 닮을 수는 없다……"

　산은 여럿이되 에베레스트산은 하나뿐이고, 대양도 여럿이나 그 중 태평양이 가장 넓다. 또한 모세는 가장 위대한 선지자였으며, 솔로몬은 가장 지혜로운 사람이었으나, 성경에는 그들과 견줄 수 있는 자를 기록하진 않았다. 하지만 군계일학의 선지자들과 학자들이 상당히 많았다는 사실은 부인할 수 없을 것이다. 따라서 지적 혹은 문화적으로 위대한 대상은 상대적으로 '고유'하므로 비교적 훌륭하거나 가장 탁월한 것이라도, 그에 조금 못 미치더라도, 견줄만한 대상은 있다는 얘기다. 그러나 고유한 하나님은 그렇지가 않다.

　하쉠임껜 탄생과 종말이 없으며 한계나 대적 혹은 협력자(partners)뿐만 아니라 육체도 없으시다. 따라서 '인지·언어적 한계'를 가진 인간은 יהוה(여호아)의 존재를 이해할 수 없다. 인간의 귀는 개가 들을 수 있는 음파를 대부분 들을 수 없고, 인간의 눈은 고성능 망원경과는 비교할 수 없을 만큼 보잘것없으니 말이다.

또한 현대과학의 힘을 총동원하더라도 인간은 허리케인을 잠잠케 하거나, 밤을 밝힐 수 없으며, 설령 원자력을 이용하더라도 한정된 공간에서는 빛에너지를 대량 얻을 수는 있을지 모르나 행성의 절반을 끊임없이 비추는 태양과는 상대가 되지 않는다. 그럼에도 태양은 태양계의 수백만 행성보다 작으며 이를 전부 합쳐봤자 하나님이 창조하신 우주의 티끌에 지나지 않는다! 따라서 하나님의 '유일성'은 일반적인 '유일성 혹은 고유성(uniqueness)'으로는 표현할 수가 없다.

둘째, 유일하신 하나님은 만물의 원천과도 같다. 주님은 만물을 창조하시며 그에 동력과 기능뿐만 아니라 재생산에 대한 본능도 부여하셨다. 하지만 만물의 통치권이 하나님께 있으므로 각자의 능력은 주님께서 허락하신 한계를 벗어나지 못한다. 물론 사람에겐 자유의지가 있는 탓에 돌발 상황은 언제든 발생할 수 있지만 모든 사건은 하나님이 세우신 계획에 맞물려 돌아가게 돼있다는 얘기다.

반면, 사람은 일개의 사건이 전체와 무슨 관련이 있는지 모를 때가 많으며, '자비하시고 합리적이신' 하나님께서 악하거나 도무지 이해할 수 없는 일까지 자신의 '프로그램'에 포함시킨 까닭을 알지 못할 때도 종종 있다. 그러나 계획에서 '이탈'한 듯 보이는 사건도 하나님의 '마스터플랜(master plan)'에는 정확히 들어맞는다는 것을 알아야 한다. 물론 원대한 계획(a grand design)을 뒤늦게 깨닫는 경우도 가끔은 있지만 말이다.

그분은 왕이시다!

그런데 성경에서 언급한 대로 만물을 다스리시는 하나님이 선한 분임에도 악과 죄인이 공존하는 까닭은 무엇일까? 사실 악이란 무지의 산물이다. 즉, 하나님의 섭리를 모르고 그분의 임재를 숨기는 탓에 악이 나왔다는 것이다. 대낮에 돌부리에 걸려 넘어지는 일은 없으나 칠흑 같은 밤, 걸림돌이 보이지 않거나 탐욕과 욕정이 자신의 눈을 가릴 때 사람은 실족하게 마련이다. 때문에 '밤'과 '암흑'은 고난과 악을 상징한다. 그리고 이와 관련하여 '쩨이다 라데레흐(צֵדָה לַדֶּרֶךְ)'는 '작은 불빛이 큰 어둠을 없앤다'고 기록했다. 따라서 사람이 진리를 밝히 볼 수 있다면 하나님의 목표는 속히 성취될 것이나, 비록 하나님을 보지 못하고 악의 유혹에 속절없이 넘어갈지라도 하나님의 계획을 돌이킬 수는 없으리라. 어떻게 해서든지 사건은 제자리를 찾아가기 때문이다.

또한 민족은 역사의 주체로서 중차대한 역할을 감당할 것이나, 설령 최후의 심판을 벗어나지 못해 타락의 길을 걷는다 해도 하나님의 뜻은 결코 가볍게 여길 수 없다는 교훈을 후대에 남기게 될 것이다. 결국 하나님께서 바른 역사관을 심어주셔야만 우리는 죄인이 패망하는 경위를 알게 될 것이며 이를 통해 주님의 이름은 거룩히 빛날 것이다. 물론 죄로 얼룩진 사회라 해도 그들이 하나님을 거룩히 받아들였더라면 제 기능을 충실히 발휘했겠지만 그렇지 않더라도 하나님의 뜻은 기필코 성취될 것이다. 바로 그 점을 드러내기 위해 피조물이 존재하기 때문이다. 따라서 만물이 주님의 섭리와 영향력에서 벗어날 수 없다는 점이야 말로 유일성의 궁극적인 특징이다.

개 요

　인류는 하나님이 내리시는 '자비'의 빛을 듬뿍 받았을 뿐만 아니라, 그분을 알아감으로써 마음은 더욱 밝게 빛났으나 때로는 안목이 가려져 하나님의 섭리를 알지 못한 채 으슥한 어둠속에서 두려워 떨기도 했다. 이처럼 영적인 낮과 밤을 보낼지라도 인간이라면 누구나 창조주시며 전능하신 하나님에 대한 믿음을 배가할 수 있는 방법을 끊임없이 찾고 '하나님은 한분'이라는 신념을 세상에 선포해야 한다.

　물론 하나님을 인정한다고 해서 주님의 본 모습이 달라지진 않는다. 즉, 공의의 '엘로힘' 하나님은 우리가 그분을 '인정하거나 부인한다'고 해서 힘이 더 강해지거나 약해지는 분이 아니란 얘기다. 그럼에도 하나님은 모든 피조물이 자신을 왕으로 선포해야 한다고 명령하셨다. 유대인에게 '독재자'와 '왕'은 서로 다른 개념이다. 독재자는 백성들의 선한 의지나 의사에 아랑곳하지 않고 자신의 뜻을 관철시키면 그만인 반면, '왕'은 백성의 동의가 있어야만 명실상부한 권위가 인정되었다고 한다. 따라서 백성이 그의 합법적인 주권을 인정해야만 '왕'의 칭호를 얻을 수 있었으며 그러지 못한다면, 권력에 상관없이 그는 '독재자' 취급을 받았다는 뜻이다. 따라서 하나님은 주인에 머물지 않고 왕이 되고 싶으셨고, 이를 위해 우리는 주님의 통치하심을 인정해야 했다.

결국 슈마가 이를 모두 성취하는 수단이 될 것이다. 우리 자신의 신앙을 비롯하여, '거룩하거나 가증스런 일을 통해서도 하나님의 뜻은 기필코 이루어진다'는 신념 — 이해력이 완벽하진 못할지라도 — 을 선포하기 때문이다. 이를 통해 우리는 하나님을 왕으로 추대하고, 그럴 수 있도록 주께서 친히 우리를 배려하셨다는 점에 감사할 뿐 아니라 그분의 목표를 달성해야 한다는 필요성도 고백한다. 밤낮으로 슈마를 암송하는 것은 어떠한 형편이나 환경 속에서도 하나님의 이상을 받아들였다는 것을 뜻한다. 다윗과 솔로몬 시대뿐만 아니라 토르케마다(Torquemada, 1483년 종교재판소장으로 취임한 후 18년 동안 무려 11만 명을 '이단자'로 고발하고 그 중 1만여 명을 화형대로 보냈다고 전해진다. 유대인들은 히틀러와 토르케마다를 잊지 못할 악인으로 꼽는다—옮긴이)의 고문이나, 목에 십자군의 칼이 들어와도 이스라엘은 '우리의 하나님이신 여호와'라는 신앙고백을 통해 위안을 발견할 것이다. 주님께서는 자신을 드러내시며 '유일성'이라는 빛으로 아둔한 인간의 안목을 밝히기 위해 우리를 사용하시기 때문이다.

랍비 아키바의 승리

왕이실 뿐 아니라 창조주이시며 안내자가 되시는 하나님을 인정하는 것은 어렵지 않으나 자신을 비우면서까지 그분의 주권을 인정하는 일은 대단히 어려울 것이다. 또한 형편이 어려운 이웃에게 "소욕을 하나님의 섭리에 맡겨야 한다"고 일러주는 것은 쉬우나, 정작 자신이 부와 명예를 얻지 못하거나 번번이 실족한다면 생각은 달라질지도 모른다. 뿐만 아니라 토라를 받은 민족으로서 의무와 사명을 감당해야 한다는 사실을 설파하는 것은 쉽지만 자녀가 이를 염두에 두고 살아가야 한다는 점을 가르치는 것은 쉽지 않을 것이다.

그러나 랍비 아키바는 이스라엘의 숭고한 정신을 모두 실천한 인물이다. 시국이 어려울 때 국민에게 자신감과 낙관론을 심어주었고 '죽기까지 하나님을 섬기리라'는 이스라엘의 용기를 몸소 보여주었으나 결국에는 투르누스 루푸스의 고문에 속절없이 희생되고 말았다!

그럼에도 아키바는 실망하지 않았다. 왕의 ─ 그가 왕으로 추대한 하나님 ─ 제단에 자신의 삶까지라도 드릴 수 있는 순간이 오기만을 학수고대했기 때문이다. 하나님을 모독하는 투르누스와, 애통해하며 아키바의 정신을 이어받은 제자들 앞에서 그는 마지막 교훈을 가르친 셈이다. 인생사는 모두 하나님의 선물이며 만사가 하나님의 '직소 퍼즐(jigsaw puzzle, 조각 그림 맞추기―옮긴이)'의 일부라는 가르침 말이다. 따라서 랍비 아키바가 '고통마저도 의미가 있다'는 신념으로 고통을 참아냈더라도 이를 문제 삼을 수는 없을 것이다.

죽음이 임박한 순간까지도 슈마를 낭독하자 하늘은 "내세의 문이 열려 그를 영접했다"고 증언했다.

랍비 노손 셰르만
5742년 슈바트월(1982년 1월) 6일

바른 기도 법

다음은 슐한 아루흐(Shulchan Aruch)와 리쿠테이 마하리아흐(Likkutei Mahariach)에서 발췌한 것이며 다른 규정은 본문에 적절히 삽입했다.

- '하루 두 번 낭독하라'는 계명을 지키겠다는 마음으로 슈마를 암송해야 한다.
- 슈마의 첫 구절은 매우 중요한 신앙고백이다. 따라서 그 의미에 집중할 수 있도록 크게 낭독해야 한다.
- 혹자는 집중력을 발휘할 수 있도록 슈마 전문(entire Shema)을 크게 암송해야한다고 (בָּרוּךְ שֵׁם[바루흐 셰임] 절[passage]은 제외) 주장한다. 그러나 적어도 첫 번째 구절만큼은 크게 낭독해야 한다. 나머지는 본인의 목소리가 들릴 정도로 작게 고백해도 된다.
- 슈마의 모든 구절은 의미에 집중하며 낭독하고 유일하신 하나님 외의 생각은 일절 차단해야 한다.
- 흔히 첫 구절을 암송할 땐 오른손으로 두 눈을 가려

집중력이 흐트러지는 것을 막는다.
- 토라 낭독 시 읊조리던 가락으로 슈마를 노래하는 것이 보편적인 관행은 아니나 집중력을 방해하지 않는다면 그래도 좋다. 어쨌든 의미단위에 따라 구절을 적절히 묶어서 낭독할 수 있도록 구두점은 분명히 살려둔다.
- 모든 구절은 문법적 강세를 정확히 지켜 또박또박 낭독해야 한다. 이를 위해 같은 자음으로 끝나고 시작하거나, (예: וַאֲבַדְתֶּם מְהֵרָה, בְּכָל־לְבַבְכֶם - 버콜 러바브헴, 바아바드템 머헤이라 등), 자음에서 무음 문자(א 나 ע)로 이어지는 구(句)는 (예: וּרְאִיתֶם אֹתוֹ, הַיּוֹם עַל, אֲשֶׁר אָנֹכִי - 우르이템 오토, 하욤 알, 아쉐르 아노히 등) 대충 얼버무리지 않도록 잠시 멈춘다.
- 첫 구절의 마지막 단어 אֶחָד(에하드)에는 특별히 강세를 두어 낭독하고, 일곱 하늘(seven heavens)을 비롯하여 지상과 사방(동서남북)을 다스리시는 하나님의 주권을 묵상한다.
- 슈마를 낭독할 땐 입술과 손가락 혹은 눈짓으로라도 타인에게 의사를 전달해서는 안 된다.
- 오전 기도시, 시두르(siddur, 기도서)에서 슈마에 앞선

구절 중 וַהֲבִיאֵנוּ לְשָׁלוֹם ('버하비에이누 러샬롬, 평화를 주소서')을 낭독할 땐 찌찌트(tzitzis) 넷을 모아야 한다. 그리고 나서 슈마 전문을 암송할 땐 찌찌트를 가슴에 모은다(일부 관습에 따르자면 약지와 새끼손가락 사이에 둔다).

* 오전에 세 번째 부분(portion) וַיֹּאמֶר ה(바요메르 하쉐임, 여호와께서 말씀하셨다)을 낭독할 땐 슈마를 잇는 אֱמֶת וְיַצִּיב (에메트 버야찌브) 기도문의 לְנֶאֱמָנִים וְנֶחֱמָדִים.(러네에마님 버네흐마딤 라아드)를 읊을 때까지 오른손으로 잡은 찌찌트를 보아야 한다.

III. 본문 연구 – 들으라 이스라엘아

슈마를 암송하기 직전, 기도자는 '하루 두 차례 슈마를 암송하라'는 계명을 지키겠다는 마음에 집중해야 한다.

개인적으로 기도하거나 '민얀(minyan, 유대교에서 예배를 드릴 때 '이스라엘 공동체'를 대표하기 위해 필요한 성인 남자들의 최소 숫자 — 옮긴이)'이 채워지지 않았다면 다음 세 단어를 추가한다.

אֵל מֶלֶךְ נֶאֱמָן (엘 멜레흐 네에만)
하나님, 신실하신 왕

'하나님의 절대 주권을 받아들이겠다'는 마음에 집중하고 나서 다음 구절을 크게 낭독하라.

개 요

שְׁמַע יִשְׂרָאֵל (슈마 이스라엘)
יהוה אֱלֹהֵינוּ (하쉐임 엘로헤이누)
יהוה אֶחָד (하쉐임 에하드)

이스라엘아 들으라.

하쉐임(여호와)은 [지금] 우리 하나님이시다.

[앞으로도 계속] 하쉐임(여호와)은 유일하시다.

잠시 멈춘 후, 다음 구절을 속삭이듯 읊는다[단, 대 속죄일에는 크게 낭독한다].

בָּרוּךְ שֵׁם כְּבוֹד מַלְכוּתוֹ לְעוֹלָם וָעֶד (바루흐 쉐임 커보드 말후토 르올람 바에드)

주님의 영광스런 왕국의 성호는 영원히 거룩할지어다

슈마/예비 기도문 (The Shema/Preliminary Formula)

אֵל מֶלֶךְ נֶאֱמָן (엘 멜레흐 네에만)
하나님은 신실하신 왕이십니다.

성경에는 기록되진 않았으나 민얀 부재시 낭독하는 '서문'으로 슈마에 추가되었다[민얀이 채워졌다면 낭독하지 않는다. 대신 하잔(chazzan, 감독)이 반복해서 낭독하는 יהוה אֱמֶת אֱלֹהֵיכֶם (하쉐임 엘로헤이헴 에메트)에 귀를 기울인다(179-181면 참고)].

그러면 기도문 첫머리 혹은 끝에 단어 셋을 추가하게 되었는지 그 이유를 들어보자.

슈마의 세 단락은 모두 245문자로 이루어져 있는데, 이에 셋을 더하면(248) 긍정적인 계명 및 신체 기관의 수와 일치하게 된다. 즉, 우리 몸은 '토라의 법을 지켜야 한다'는 영적 의무를 지닌 존재로 결코 말씀과 뗄 수 존재라는 얘기다.

개요

따라서 랍비들은 "슈마의 248문자를 집중하며 낭독하는 사람은 누구나 거룩하신 하나님께서 그의 신체기관을 속속들이 감찰하실 것"이라고 주장했다.

"나의 계명에 주의를 기울이면
나도 네 [신체]기관을 주시할 것이다."
(미드라쉬 탄후마 Midrash Tanchuma, 다스 즈케이님 Daas Zekeinim을 아울러 참조).

글자 수를 맞추는 데 추가된 세 단어 אֵל מֶלֶךְ נֶאֱמָן 를 — 첫 글자 אמן 를 순서대로 쓰면 אָמֵן(샤부오트 Shabbos 19b)'이 된다 — 선택한 까닭은 신앙의 본질을 간결하게 대변하기 때문일 것이다.

다음 구문은 의미에 집중해서 낭독해야 한다.

- אֵל(엘), 하나님—당신은 한량없이 자비하신 분이십니다.
- מֶלֶךְ(멜레흐), 왕—만물을 다스리시고 이끄시며 감찰하십

니다.
- נֶאֱמָן(네에만), 미쁘다—공평하고 정확하시므로 심판하실 땐 한 치의 실수도 없으십니다
 (에쯔 요세프 Etz Yosef).

로케아흐(Rokeach)에 따르면 기도자는 첫 문자를 조합한 '아멘'과 각 단어의 함축적인 의미에—창세전부터 계신 하나님은 세상 만물을 다스리는 왕이시며 구속의 날(the time of Redemption)에 죽은 자를 살리실 미쁘신 분이라는 의미에—정신을 집중해야 한다.

슈마 본문 읽기 1

신명기 6:4-9

신명기 6:4-9

성경의 맥락

슈마의 첫 부분은 신명기 6장 4-9절로, 모세가 원리가 되는 열 마디 말씀(십계명)을 받은 경위를 언급한 후 "직접 들은 계시를 잊지 말고 하나님의 법을 준행하라"며 이스라엘 백성에게 호소한 대목이다. 그는 또한 "하나님은 한 분이시며 이스라엘은 주님께 충성하고 전적으로 그분만을 사랑하리라"는 토라의 근간을 선포했다.

예루살렘 탈무드 버라호트(Yerushalmi Berachos) 1:5에 따르면, 본 구절이 슈마에 채택된 까닭은 열 마디 말씀(십계명)을 내포하기 때문이라고 한다[235면 이하 참고].

람밤(Rambam) 역시 첫 번째 말씀(나는 하쉐임, 너의 하나님이다)은 '유일하신 하나님'을 일컫는 탓에 신명기의 구절과 일맥상통한다고 주장했다. 즉, 모세는 열 마디 말씀(십계명)을 신명기 5장에서 언급하고 난 후 6장에서 슈마를 기록할 때, 첫 번째 말씀에 각별히 신경을 썼을 거란 얘기다. 하나님의 유일성은 신앙의 본질이므로 이를 인정하지 않는 자는—우상숭배자와 마찬가지로—유대교의 원리를 부정하는 사람과 같다.

4절 / 하나님의 주권을 인정하라 / 증인되라

슈마를 암송한다는 것은—특히 첫 구절—'קַבָּלַת עוֹל מַלְכוּת שָׁמַיִם (카발라트 올 말후트 샤마임, 하나님의 절대 주권을 인정하라)'는 계명을 이행하리라는 의지를 대변한다. 하나님이 한분(유일하시며 분리될 수 없는)이라는 진리를 선포하는 사람이야말로 자신의 인격과 소유(삶까지도)를 전부 하나님의 섭리에 맡길 수 있기 때문이다.

슈마 본문 읽기 1 • 신명기 6:4-9

שְׁמַע יִשְׂרָאֵל יהוה אֱלֹהֵינוּ יהוה אֶחָד (슈마 이스라엘 하쉐임 엘로헤이누 하쉐임 에하드)

들으라 이스라엘아. 여호와는 [지금] 우리 하나님이시다.

[앞으로도 계속] 여호와는 유일하시다.

[사실 원문에 '앞으로도 계속'이란 의미는 없다].

라쉬의 입장을 반영한 번역이다. 물론 랍비나 주석가들이 본문의 의미를 다양하게 풀이했으나 라쉬의 해석만은 반드시 염두에 둘 것을 권한다. 왜냐하면 그의 해석에는 군더더기가 없기 때문이다.

라쉬가 밝혔듯이, '여호와가 [지금] 우리 하나님'이라는 말은 다른 백성의 주님이 아니라는 뜻이다. 즉, 전 세계 역사를 통틀어 이스라엘 백성만이 하나님을 인정했으나 훗날에는 모든 백성이 여호와를 한 분으로 인정할 거라는 얘기다. 그러므로 성경은

"그 때에 내가 여러 백성의 입술을 깨끗하게 하여 그들이 다 여호와의

이름을 부르며 한 가지로 나를 섬기게 하리니[스 3:9]"

라고 기록했으며 스가랴는

"여호와께서 천하의 왕이 되시리니 그 날에는 여호와께서 홀로 한 분이실 것이요 그의 이름이 홀로 하나이실 것이라[슥 14:9]"

라고 기록했다.
즉, 한분이신 하나님은 당시에도 절대적인 신이었지만 이방 국가들은 그분이 '유일하다'는 점을 인정하지 않았다는 것이다. 그러나 메시아가 도래할 때 열방은 이를 인정할 것이다.

현자들은 주님의 '유일성'을 본문에서 추론했으나 기자가 '향후 모든 열국이 유일하신 하나님을 인정할 거라고' 생각지 않았다면 애당초 '들으라! 이스라엘아, 하나님은 한분이시니,' 혹은 '들으라! 이스라엘아, 여호와는 한분이시니'라고 기록해도 무방했으리라(Mizrachi; cf. Gur Aryeh; Tzeidah LaDerech; Zikaron)고 했다.

이에 대해 이븐 에즈라(Ibn Ezra)는 라쉬가 인용한 스바냐 본문을 다음과 같이 풀이했다. '그때 내가 백성의 입술을 깨끗하게 하여'라는 것은 전 세계가 거룩한 언어(히브리어)로 '여호와의 이름을 부를 것'이라는 뜻이며…… 그제야 여호와는 명실 공히 하나가되며 이름도 하나가 될 것이다. 즉, 만인이 그를 여호와라 일컫는 탓에 하나님의 이름이[거룩한 네 문자 הוהי'] 하나가 될 거란 얘기다. [개요 참고]

다른 주석가들이 4절을 번역한 것도 읽어보자.
- 랍비 사디아 가온(Saadiah Gaon):
"이스라엘아, 여호와 우리 하나님이 한분이라는 것을 알지어다."

- 라쉬밤(Rashbam):
"여호와 한분만이 우리의 하나님이며 그분과 견줄 신은 없다[대하 13:10과 비교].
여호와는 한분이시며 우리는 그분만 섬기노라."

- 랄바그(Ralbag):

"마음에 새기라, 오 이스라엘 회중이여, '여호와'라 일컫는 그분은 오직 한분이시며—즉, 거룩한 이름으로 일컫는 하나님은 (Holy Being) 한분이시다—우리를 감찰하신다. 인간의 보잘 것 없는 지혜로는 그분의 본질을 이해할 수 없지만 말이다."

슈마를 낭독할 땐 그와 맥락이 같은 열 마디 말씀(십계명)에도 주의를 집중해야 한다[235면 이하에 열거]. 회중과 함께 기도할 때라면 집중력을 발휘하기가 어렵겠지만 첫 구절에 암시된 1, 2번째 말씀(계명)만이라도 정신을 가다듬고 묵상해야 한다.

"들으라 이스라엘아, 여호와는 우리의 하나님이시다" =
"나는 너의 하나님 여호와니라"

"하나님은 한분이시니" =
"다른 신을 두지 말지니라"

쉽게 유추할 수 있는 구절이다. 흔히들 위의 두 말씀이 613계명을 모두 담고 있는 것으로 알고 있는데, 이는 '나는 너의 하나님 여호와니라'에는 긍정적인 계명이, '다른 신을 두지 말지니라'에는 부정적인 계명이 함축돼있기 때문이다 (Ba'er Hatev; Likkutei Mahariach).

단어별로 깊이 읽기

● שְׁמַע(슈마, 들으라)

귀로 듣고 깊이 생각하며 정신을 집중할 뿐만 아니라 이해하며 마음에 새기라

(스포르노, 랄바그).

'슈마'에는 글자그대로 귀를 기울인다는 뜻의 אֹזֶן הַאֲזִין(אֹזֶן '귀'에서 파생)과는 달리 '수용한다(acceptance)'는 뉘앙스가 있다 [출 15:26(라쉬)을 참고].

이에 관하여 아부드라함(Abudraham)은 슈마를 읊는 이스라엘 백성이 마치 "내 말 좀 들어보시오! 나는 우리 하나님 여호와가 한분이시며 세상에서 유일하신 하나님임을 믿습니다!"라며 상대방에게 선포하듯, '증언'이란 뜻이 '슈마'에 내포되어있다고 주장했다. 히브리어 성경 토라에 신명기 6장 4절에 크게 인쇄된 ע(아인)과 ד(달레트)를 조합하면 עד(에이드, 증언, 증인)'이란 뜻이 되기 때문이다(아래 활자가 큰 ע과 ד를 참고).

또한 그는 '슈마'의 각 글자로 하나님의 주권을 인정하는 절차를 완성하기도 했다. 즉, 'שְׂאוּ מָרוֹם עֵינֵיכֶם(스우 마롬 에이네이헴, 네 눈을 들어)'은 개인적인 소욕보다 훨씬 고매한 목적이 있음을 알라는 말이다. 그리고 그러는 데 가장 적당한 시간은 'עַרְבִית מִנְחָה שַׁחֲרִית(샤하리트 민하 아르비트, 아침, 오후 및 저녁 기도 시)'이며 기도는 'שַׁדַּי מֶלֶךְ עֶלְיוֹן(샤다이 멜레흐 엘리온, 전능하시며 찬송 받으실 왕)'에게 하라는 것이다. 그러면 'עֹל מַלְכוּת שָׁמַיִם(올 말후트 샤마임, 천국의 멍에)'를 순순히 받아들이게 될 것이다(알다시피 첫 글자를 거꾸로 나열하면 슈마가

슈마 본문 읽기 1 • 신명기 6:4-9

된다].

여기서 탈무드 기자들은 '슈마(들으라)'에 관한 규정을 이끌어냈다.

이를테면, '들으라'고 기록한 탓에 슈마는 어떤 언어로 낭독해도 무방하다는 것이다. 즉, בְּכָל לָשׁוֹן שֶׁאַתָּה שׁוֹמֵעַ.(버콜 라숀 쉐아타 쇼메이, 이해할 수만 있다면 어떤 언어든 상관없다)[동사 슈마의 뜻은 '듣다'와 '이해하다'라는 뜻이 있기 때문이다(버라호트 13a)].

본 규정은 히브리어를 모르는 사람에 국한되며 이를 이해할 수 있다면 반드시 원어로 낭독해야 한다고 일부 주석가들은 생각했다.

세이파스 에메트(Sefas Emes)는 탈무드의 금언과 관련하여 풀이하기도 했다. 귀가 들을 수 있는 메시지에는 예외 없이 '들으라, 우리 하나님 여호와는 한분이시다'라는 구절에 포함돼있으며 만물은 주님의 유일성과 위대하심을 알고 그분을 증거하고 있다는 것이다.

탈무드의 랍비 요세(Yose)는 '들으라'의 뜻을 충분히 살려 "슈마를 낭독하는 사람은 자신의 기도가 들리도록 읊어야 한다. 슈마(들으라)는 입술의 고백이 귀에 들린다는 것을 뜻하기 때문"이라고 밝혔다(버라호트 15a).

즉, 주요 의무[러바트힐래]를 이행하는 데 정신을 가다듬는 것만으로는 충분하지 않다는 것이다. 사실, 슈마가 귀에 들리지 않게 낭독해도 무방하나 자주 그래서는 안 된다.

또한 본문에는 'שְׁמַע יִשְׂרָאֵל, 슈마 이스라엘, 들으라, 이스라엘'로, 다른 구절에는 'הַסְכֵּת וּשְׁמַע יִשְׂרָאֵל, 하스케이트 우슈마 이스라엘, 정신을 집중해서 들어라, 이스라엘이여!(신 27:9)'라고 기록된 탓에 기도자는 정신을 집중해야 한다. '듣는다'가 '집중하다'를 동반했으므로 들을 땐 주의를 집중해야 마땅하다(버라호트 16a).

- יִשְׂרָאֵל(이스라엘)

'이스라엘'은—엄밀히 말해서 족장 야곱의 영적인 이름이다(창 32:29 및 ArtScroll 창세기 49:1 주석 참고)—대체로 유대민족의 숭고한 역할을 일컫는다.

지금도 하나님의 주권을 인정하고 유일하신 주님을 시인하는 이스라엘인이라면 누구나 이 메시지를 이해했다고 볼 수 있다(랍비 노손 셰르만).

그러나 탈무드에 인용된 미드라쉬에 따르면, 본문에 기록된 '이스라엘'은 야곱을 가리키며 알다시피 이스라엘(야곱)이 마지막으로 족장의 축복을 내리기 전, 야곱의 아들들은 그가 '이스라엘'임을 재확인했다. בָּרוּךְ שֵׁם(바루흐 쉐임) 각주를 참고하라.

- יהוה(하쉐임, 여호와)

하나님을 부르는 칭호는 다양하며 각 호칭에는 역사하심에 따른 성품과 속성이 반영된다(슈모트 라바 Sh'mos Rabbah

3:6).

- 쉐임 하메포라쉬(The Shem HaMeforash)

하나님을 뜻하는 네 문자 יהוה 를 가리켜 '쉐임 하메포라쉬(구별된 이름)'라고 한다. 유대인은 주님의 거룩한 이름을 받들기 위해 지금도 네 문자는 읽지 않는다. 대신 기도할 땐 '아도나이[나의 주]'라 하고 일반적으로는 הַשֵּׁם 하쉐임[구별된 이름]'이라 부르며 'ה 혹은 יָי 라고 적는다.

출애굽기 3:15에 기록된 대로(네 조상의 하나님 곧 하쉐임…… זֶה־שְׁמִי[제 슈미]이는 나의 이름이다. לְעֹלָם[르올람] 영원히, 그리고 이는 대대로 기억할 나의 칭호니라) 하나님은 거룩한 네 문자로 모세에게 나타나셨다. 그런데 히브리어 לְעֹלָם[영원히]는 모음이 표기돼있지 않은 토라에서 לעלם 대신 לעולם 로 기록돼있다. לְעֹלָם(르알레임, 숨기다)으로도 읽을 수 있으므로 '이는 숨겨진 내 이름'으로 번역될 수 있다.

랍비들은 이 대목에서 하나님의 이름을 적힌 그대로 읽지 말고 '아도나이'라고 읽어야 옳다는 규정을 끄집어냈다[라쉬, 키두신 71a, 슈모트 라바 3:9].

주님의 거룩한 이름은 대 속죄일 의식을 집례하는 대제사장 כוהן הגדול[코헨 가돌]과 제사장 כהנים[코하님]이 성전 뜰에서 회중에 축사할 때만 쓰인 그대로 선포됐다고 한다. 당일 대제사장은 죄를 고백하며 레위기 16:30을 낭독할 때 쉐임 하메포라쉬를 불렀다는 것이다. 그러면 이를 들은 제사장과 백성들은 엎드린 채 "בָּרוּךְ שֵׁם כְּבוֹד מַלְכוּתוֹ לְעוֹלָם וָעֶד, 바루흐 쉐임 커보드 말후토 르올람 바에드, 거룩한 왕의 이름은 영원히 찬송을 받으시리이다(미쉬나 요마 Mishnah Yoma 6:27)"라며 하나님을 찬양했다.

그러나 에스라의 후계자이자 제2성전 시대의 대제사장 시몬 하짜디크(Shimon HaTzaddik)가 세상을 떠난 후 하나님의 현현은 성전에서 찾을 수 없었고 제사장도 쉐임 하메포라쉬를 축도에서 제외했다[요마 39a, 소타 13:8, ArtScroll Bircas Kohanim 36p].

그러나 일찍이 거룩한 네 문자 יהוה는 성전 밖에서도 부를 수 없었다[미쉬나 버라호트(Mishnah Berachos) 9:5, 소타 7:6, 타미드 7:2 및 기타 주석]. 혹시라도 그랬다간 내세의 분깃을 영원히 받지 못한다고 여겼기 때문이다[미쉬나 산헤드린(Mishnah Sanhedrin) 10:1).

하쉐임(여호와)의 뜻은 무엇인가?

'하쉐임'은 자비하신 하나님의 속성이 부각되는 이름으로, 미드라쉬는 'רחום אל יהוה יהוה[하쉐임, 하쉐임 엘 라훔(여호와 여호와라 자비롭고……, 출 34:6)] 하나님을 하쉐임으로 일컫는 곳마다 주님의 자비가 드러날 것'이라고 기록했다. 즉, 이스라엘에 드러내신 하나님의 '인격적인' 이름은 주님의 초월성을 비롯하여 '만물의 근원'이자 '영원한 존재'임을 암시한다[쿠자리 Kuzari 2:2, 모레 느부힘 Moreh Nevuchim 1:6].

הָיָה, הֹוֶה, וְיִהְיֶה(하야, 호베, 버이흐예), 즉, '과거에도

계셨고 지금도 계시며 앞으로도 (영원히) 계실 분'이라고 해석되는 하쉐임은 과거와 현재 및 미래가 통합되고 일치되는 상태를 가리키기도 한다(투르 오라흐 하임 Tur Orach Chaim 5). 즉, 영원하신 하나님 안에서 시간은 하나가 되고 주님의 본질은 변하지 않는다는 것이다.

랍비 요나는 세페르 하이라(Sefer HaYirah: 하이라의 책)에서, 슈마를 통틀어 하나님의 이름을 '아도나이(만물의 주재)'로 선포하며 그 의미를 마음에 새겨야 할 땐 반드시 정신을 집중해야 한다고 주장했다. 즉, 첫 단락에 두 번 등장하는 '하쉐임(יהוה: 여호와; 아도나이)'에는 각별히 신경을 써야한다는 것이다. 이때 낭독자는 이를 길게 늘여 발음해야 하며, '과거에도 계셨고 지금도 계시며 앞으로도(영원히) 계실 분'이라는 문자의 뜻을 깊이 생각해야 할 것이다.

엘로힘

• אֱלֹהֵינוּ(엘로헤이누, 우리 하나님) 하쉐임과는 달리, אֱלֹהִים (엘로힘)은 창조를 주관하신 하나님의 보편적인 성품을 가리키며 אֵל(엘)에서 파생된 탓에 '전능자(All-Powerful)'를 뜻하기도 한다. 특히 창세기 1장에서 하나님을 엘로힘으로 기록한 까닭은 만물을 창조할 수 있는 능력을 부각시키기 위함이다(이카림 Ikkarim 1:11).

그런데 복수형으로 썼다는 점으로 미루어[접미사 ים] 이를 존칭어로—복수형을 써서 상대방의 권위를 표현하듯—여기기엔 무리가 있다. 예를 들어, 창세기 1:1에서는 בָּרָא(바라, 창조했다)라는 단수 동사를 썼기 때문이다(Ibn Ezra, 창 1:1). 엘로힘은 본디 공의를 베푸시는 하나님(신)을 일컫는다[מִדַּת הַדִּין, 미다트 하딘]. 즉, 통치자와 감찰자, 판사 및 세상의 심판주라는 뜻이다[출처는 시프레(Sifre) 신명기 3:24로(아울러 '하쉐임(여호와)의 뜻은 무엇인가?'를 참조할 것) 엘로힘은 '공의'의 속성을 대변하는 이름이다].

슈마 본문 읽기 1 · 신명기 6:4-9

한편, 모세가 이스라엘에 선포한 다른 기록을 살펴보면 주로 2인칭(너의 하나님)을 썼다. 이를테면, 신명기 9:1~3에는

'이스라엘아 들으라. **네**가 오늘 요단을 건너……
오늘 **너**는 알라 **네** 하나님 여호와께서 **너**와 동행하시리라……'

라고 기록했으며 신명기 6:5에도

'**네** 하나님 여호와를 사랑하라'

고 언급했다. 그러나 하나님의 유일성을 선포한 본문에서는 '**우리의** 하나님(our God)'으로 달리 표기했다. 왜냐하면 모세 자신을 제외할 땐, 2인칭으로 기록한 듯싶으나, 우리의 믿음을 다짐할 땐 자신도 포함해야 마땅하기 때문이다.
(랍비 바히야, Racanati, Ma'or VaShemesh)

하멕 다바르는 람밤의 말을 인용(미드라쉬의 전통에 따라), 모세가 2인칭을 쓴 까닭은 ―야곱의 아들에까지 거슬러 올라

가—고대 근동지방에서 흔히 쓰던 말을(ancient formula) 그대로 차용하여 토라의 권위를 최대한 살리기 위함이라고 밝혔다. "이와 마찬가지로 선지자가 영의 인도하심을 받아 기록을 남기기 전부터 이스라엘이 이미 알고 있던 구절은 상당히 많았다. 그러므로 슈마의 첫 두 구절도 이스라엘이 모압 평지에 도달하기 전부터 알았으므로 모세는 모압에서 이를 기록했다. 백성들은 [슈마에 포함된] 트필린의 계명을 이미 준행해 왔다."

'하나님, אֱלֹהִים, 엘로힘'의 뜻은 무엇인가?

엘로힘에 대한 정의를 간략히 모아봤다.

- 엘로힘은 מָרוּת(마루트, 권위)를 상징하는 이름이다(라쉬, 신 6:2).
- '우두머리(chief)'를 가리키는 이름이다(람밤).
- 넓은 의미에서 엘로힘은 세상의 통치자, 혹은 소유주

(Proprietor)를 뜻하며 좁은 의미로는 판사(human judge)를 일컫는다(Kuzari 4 참고).
- 엘로힘은 영원무궁하신 분(the Eternal and Everlasting)을 가리키는데, 그럼에도 판사(human judge)가 엘로힘인(출 22:8) 까닭은 하나님의 형상을 따라 심판하기 때문이다(스 포르노).
- 천상천하의 모든 만물을 권위로 다스리시는 전능자(the Mighty One)(Tur Orach Chaim 5)를 뜻한다.
- 전능하신 하나님을(בַּעַל הַיְכוֹלֶת, 바알 하여코레트, 전능자) 일컫는다(Shulchan Aruch ibid).
- 창조 사역에 동참한 수많은 힘을 가리키기 위해 복수형을 썼으며 모든 힘은 유일하신 하나님께 비롯되었다. 즉, 주님 안에서 완벽히 통일된, 힘의 원천을 발견할 수 있다(말빔).
- 엘로힘은 하나님 안에서 통일된 힘(powers)과 속성(attributes)을 모두 아우른다.

- יהוה אֶחָד (하쉐임 에크하드, 여호와는 한 분이시다)

하나님은 두 가지 의미에서 한 분이시다. 즉, 하쉐임 외에는 다른 신이 없으며, 비교할 대상이 없을 만큼 유일하신 분이라는 뜻이다(아케이다, 라쉬밤).

하나님을 의식하는 양상은 다양하나—노를 발하시고, 인자와 자비를 베푸시며, 지혜가 무궁하시며 심판하시는 등(그러시는 목적도 한 가지다)—인간의 인격과 감정과는 차원이 다르다. 또한 사람은 '인지력'이라는 좁은 테두리 안에서만 하나님을 이해할 뿐이다.

Harav Gedaliah Schorr는 프리즘을 통과한 가시광선에 이를 비유했다. 하나의 빛이 여러 색상으로 보이듯 하나님의 다양한 속성도 본질은 하나라는 것이다.

하나님이 한 분이라는 구절에서 우리는 무형론(하나님은 영이시며 물질이 아니라는 개념)의 근원을 도출해낼 수 있다. Moreh Nevuchim 2:1에서 람밤이 밝혔듯이, "형체가 있는 것이 하나가 될 수 없는 까닭은 분리나 합성이 가능하기 때문이다. 다시 말해서, 형상은 무엇이든지 몇 가지 원소로 나뉠 수 있다는 얘기다. 따지고 보면 뚜렷한 성격을 결정하는 원소가 근본 바탕에 합쳐질 때 비로소 어떤 사물임을 식별할 수 있으므로 최소 두 원소는 결합했다고 볼 수 있을 것이다. 그러나 절대자이신 하나님은(the Absolute) 절대 양분될 수 없는 존재다."

특히 אֶחָד(하나)는 두 번째 음절을 약간 길게 끌어주면서 마지막 자음을 강하게 발음해야 한다. 첫 음절 א (알레프)는 숫자 1을 뜻하는 만큼 유일하신 하나님을 생각하며 짧게 발음해야 마땅하다. 두 번째 문자 ח (ㅋ헤이트, 숫자 8을 의미)는 땅과 일곱 하늘을 다스리는 하나님을 염두에 두고 마지막 ד (달레트, 숫자 4를 의미)는 동서남북 어디에나 계신 하나님을 묵상하며 발음해야 할 것이다(버라호트 13b, Rokeach, Semak, Shulchan Aruch 참고).

랍비들은 "אֶחָד(에ㅋ하드)를 길게 발음하는 사람은 자신의 연수도 길어질 것"이라고 주장했는데 만물을 다스리시는 하나님께 깊이 집중하는 사람이 '에ㅋ하드'를 그렇게 낭송한다고 여겼기 때문이다(버라호트 ibid).

탈무드와 미드라쉬는 야곱의 자손을 의식한 구절이라면서 "우리는 하나님께 대한 믿음으로 뭉쳤다(오직 하나님께서 네 마음에[야곱의 자손 내주하시듯 우리 마음에도 한 분이신 주님이 계신다)" 는 뜻이라고 밝혔다[바루ㅎ 쉐임, שֵׁם בָּרוּךְ 주석 참고].

4절에서 크기가 다른 ע 과 ד

토라에는 שְׁמַע(슈마)의 ע(아인)과 אֶחָד(에ㅋ하드)의 ד(달레트)가 다른 문자보다 크게 인쇄돼 있다. 크게 인쇄된 두 문자를 조합하면 '증인(witness)'이라는 의미의 단어 עֵד(에이드)가 되는데, 주석가들에 따르면 이스라엘은 슈마를 암송함으로써 유일하신 하나님을 온 세상에 선포하는 증인이 된다고 한다(Abudraham, Kol Bo, Rokeach).

슈마 본문 읽기 1 · 신명기 6:4-9

   스포르노는 크게 표기된 ד '달레트(숫자 4를 의미)'가 유일하신 하나님의 속성을 가리킨다면서 부패하거나 죽을 수밖에 없는 3가지 하등 존재 — 지상과 하늘의 생명체를 비롯하여 천사와 같은 영적인 존재 — 를 거론했다. 즉, 하나님은 다른 대상과 족히 비교할 수 없는 네 번째 존재이며, שְׁמַע '슈마'에서 ע '아인(눈을 의미한다)'을 크게 쓴 까닭은 눈을 크게 열어 위대하신 하나님께 정신을 집중해야 옳기 때문이라는 것이다.

   ד 달레트가 שְׁמַע '슈마'에 추가된 구절을(토라에는 기록되지 않았다) — 주님의 영광스런 왕국의 성호는 영원히 찬양받을지어다 — 암시한다는 신비주의자들도(Kabbalistic) 있다(람밤, 랍비 바히야).

   한편, 랍비 허쉬는 바알 하투림(Baal HaTurim)에 근거하여, ד 달레트를 크게 쓴 이유는
     יהוה אֶחָד(하쉐임 에ㅋ하드, 하나님은 한 분이시다)와 אַחֵר אֵל(엘 아헤이르, 또 다른 하나님)을 구별하기 위함이라고 말했다.

예를 들어, 출애굽기 34:14에서 — 너는 다른 신 לְאֵל אַחֵר(르엘 아헤이르)에게 절하지 말라 — אַחֵר '아ㅋ헤이르'의 ר '뢰이쉬'를 크게 기록했다면 לְאֵל אֲחָד 르엘 에ㅋ하드'로 오독하여 불경죄를 범치 말라는 의도가 숨어있다는 것이다. 또한 שְׁמַע '슈마'에서 ע '아인'이 큰 까닭은 이를 א '알레프'로 착각하여 'שְׁמַא יִשְׂרָאֵל(쉐마 이스라엘, 이스라엘이여 아마도)'로 잘못 읽지 않도록 돕기 위함이다. 어찌 되었든지 큰 문자 둘을 합하면 עֵד(증인)'이라는 단어가 되므로 '슈마, 이스라엘'을 암송하는 사람은 자신을 하나님의 증인으로 세워 온 세상에 유일하신 하나님을 증언하는 셈이다.

야곱과 천사들의 화답

בָּרוּךְ שֵׁם כְּבוֹד מַלְכוּתוֹ לְעוֹלָם וָעֶד(바루흐 쉐임 커보드 말후토 르올람 버에드)

주님의 영광스런 왕국의 성호는 영원히 찬양받을지어다[혹은 그의 성호는 찬양을 받을 것이며 주님의 영광스런 왕국은 영원할 것이다].

하나님을 왕으로 선포할 때 우리는 주님을 섬길 수 있는 특권을 주신 데 대해 감사할 것이다(Ets Yosef).

이 구절은 고대에 뿌리를 두고 있으나 토라에 기록되진 않았다. 축사[Taanis 16b]할 때나 대제사장이 성전에서 대속죄일(욤 키푸르)에 하나님의 이름을 부를 때 백성들이 낭송한 구절이다[Yoma 35a]. 그러나 베레쉬트 라바(Bereishis Rabbah: 창세기 라바, 창세기 주석) § 65에는 이스라엘이 슈마를 암송할 때 천사들이 화답한 것으로 풀이했다[아래를 참고].

랍비들은 두 가지 근거를 제시하며 이를 조용히 낭독하라고 가르쳤다.

첫째, 전설에 따르면 야곱이 임종할 무렵 자녀들은 슈마를 암송함으로서 하나님께 대한 충성을 다짐했고, 이에 야곱은 "그 이름이 찬양을 받을 것이며……"라고 화답했다는 것이다. 혹자가 "야곱이 그랬다는 이유로 이를 기도문에 추가해야 하는가?"라며 의문을 제기하자 랍비들은 그래야 마땅하다고 주장했으나 모세는 토라에서 이를 찾을 수가 없는 탓에 기록하지 않았다고 했다. 따라서 조용히 암송해야 한다.

5절 / 하나님을 사랑하라

잠시 멈추어 '하나님의 왕국을 받아들이고' '그의 계명을 수용하겠다'는 다짐을 구분해야 한다. 후자가 다음 구절의 주제이므로 이를 묵상하며 낭독해야 하기 때문이다.

וְאָהַבְתָּ אֵת יהוה אֱלֹהֶיךָ בְּכָל־לְבָבְךָ וּבְכָל־נַפְשְׁךָ וּבְכָל־מְאֹדֶךָ

너는 너의 마음의 모두를 가지고, 너의 네페쉬의 모두를 가지고 너의 능력(끼)의 모두를 가지고 너의 하나님 하쉐임(여호와)을 사랑하라(신 6:5).

둘째, 모세는 이 기도문을 천사에게 들은 후 이스라엘 백성에게 가르쳤다고 한다. 그러나 인간은 천사의 언어를 사용할 수 없으므로 감히 목소리를 높일 수가 없었다. 물론 대 속죄일(כפור יום 욤 키푸르)에는 속죄함을 받아 천사와 수준이 같아지므로 크게 낭독해도 문제가 되진 않는다(Devarim Rabbah 2:36).[1]

---

[1] 슈마와 '주님의 영광스런 왕국의 성호는 영원히 찬양 받을지어다'의 기원은

슈마 본문 읽기 1 · 신명기 6:4-9

ArtScroll의 창세기 49:1 주석에서 발췌했다. 랍비들은 첫 구절의 기원을 토론하며 [Pesachim 56a] 다음과 같은 기록을 남겼다.

야곱이 아들에게 세상의 종말(the End of Days)을 보여주고 싶어 하자 הַשְּׁכִינָה 쉐ㅋ히나(하나님의 임재)는 그를 떠나고 만다. 두려움이 점점 커지던 그는 '그런 일이야 없겠지만, 이스마엘을 낳은 할아버지나 형(에서)을 낳은 아버지처럼 내게도 자격 미달인 아이가 있는 걸까[그래서 아이들이 올 때 하나님이 떠나신 걸까]?'라고 자문해본다.

그러자 아들들은 일제히 שְׁמַע יִשְׂרָאֵל יהוה אֱלֹהֵינוּ יהוה אֶחָד "슈마 이스라엘, 하쉐임 엘로ㅋ헤이누 하쉐임 에ㅋ하드(이스라엘[아버지]이여, 들으십시오. 여호와는 우리 하나님이시며 한 분이십니다! 아버지의 마음에 주님이 계신 것처럼 저희 마음에도 주님만이 계십니다"라며 그를 위로했다는 것이다.
[평소 아버지의 성함을 함부로 부르는 것은 금했으나 '이스라엘'은 위엄과 권위를 상징할 뿐만 아니라(창 32:29) '이름'보다는 존칭 – '주인님!(Listen, Master)'과 같이 – 에 가까우므로 이 경우에는 허용됐다]
하나님께서 미래를 알지 못하게 하신 까닭이 자녀들의 믿음이 부족해서가 아니라는 사실에 야곱은 위안을 얻으며 외쳤다. בָּרוּךְ שֵׁם כְּבוֹד מַלְכוּתוֹ לְעוֹלָם וָעֶד **"바루흐 쉐임 커보드 말후토 르올람 버에드** – *주님의 영광스런 왕국의 성호는 영원히 거룩할지어다.*"[Maharsha 참고]

탈무드의 논쟁은 여기서 끝나지 않는다. 이번에는 '이를 낭독해야 할지' 여부를 놓고 랍비들은 또 한 차례 고민에 빠졌다[즉, '*주님의 영광스런 왕국의 성호는……*'을 슈마 기도문에 추가해야 할지가 문제였던 것이다]. 허나 모세 선생께서는 그러시지 않았다[슈마(신 6:4~9)에 기록하지 않았다는 얘기다]. 그런데 야곱의 발언이 슈마에 포함된다면 토라에는 없더라도 이를 슈마에 삽입해야 마땅할 것이다. 그렇지 않으면 야곱을 무시하는 꼴이 되고 말 것이다. 결국 랍비들은 בָּרוּךְ שֵׁם '바루흐 쉐임(*주님의 영광스런 왕국의 성호는……*)'을 조용히 낭독하기로 합의했다[토라에는 없으나 야곱이 이를 선포했다는 점을 암시하기 위해](Mishnah Berurah 61:30 s.v. בְּחַשַׁאי).

사실, 슐한 아루흐 Shulchan Aruch[ibid.]에서 성문화된 대로 할라카(halachah)는 매년 그 부분은 속삭이듯 암송해야 한다고 규정했다. 그러나 대 속죄일(욤 키푸르)이 되면 이를 큰 소리로 낭독할 수 있다. 투르(Tur)는 Hilcohs Yom

Kippur § 619에서 그 기원을 달리 풀어썼다.

욤 키푸르 당일 בָּרוּךְ שֵׁם כְּבוֹד מַלְכוּתוֹ לְעוֹלָם וָעֶד "**바루흐 쉐임 커보드 말후토 르올람 버에드**"를 큰 소리로 낭독하는 것은 아슈케나지(Ashkenaz, 독일 및 동부유럽 국가)의 풍습이며 민수기주석 Devarim Rabbah(Sidrah Va'eschanan)이 이를 뒷받침해준다. 기록에 따르면, 승천한 모세는 하늘에서 천사 보좌관(Ministering Angels)이 "주님의 영광스런 왕국의 성호는 영원히 찬양 받을지어다"라는 찬송을 듣고 이를 이스라엘 백성에게 들려줬다고 한다. 이를테면, 궁전에서 보석을 훔친 사람이[천사의 찬송을 '훔쳤으니' 말이다] 아내에게 "남들 보는 데 말고 집에서만 쓰시오"라고 말하는 격이랄까.

따라서 투르는 미드라쉬를 인용하여 '매년 속삭이듯 암송하나 데 속죄일(욤 키푸르)이 되면 천사 보좌관만큼 정결해지므로 이를 공공연히[큰소리로] 낭독해도 무방하다'고 풀이했다.

[한편, 드바림 라바 민수기 주석 Devarim Rabbah 2:31는 '*주님의 영광스런 왕국의 성호는……*'은 하나님의 권고(들으라, 이스라엘아. 나는 여호와 너의 하나님이다)에 모세가 응답한 것이라고 밝혔다. 마젠 아브라함(Magen Avraham) 619 § 8 참고.]

반면, 랍비 레위는 민수기 주석 드바림 라바 2:35에서 야곱의 아들들이 '슈마'로 그를 안심시켰다는 견해를 인용하여(페사힘Pesachim 56a에 기록), 유대인이 요즘 낭독하는 슈마 기도문에는 "들으십시오, 아버지 이스라엘이시여, 조상에 내린 당신의 명령은 지금도 우리가 준행하고 있습니다. 하나님은 우리 하나님이시며 주님은 한분뿐이십니다!"라는 고백이 녹아있다고 서술했다.

[그런데 Aramaic Targum Yerushalmi의 기록은 위와 좀 다르다. 즉, 아들들의 고백(슈마)에 야곱은 עָלְמִין וּלְעָלְמֵי לְעָלַם מְבָרַךְ רַבָּא שְׁמֵהּ יְהֵא "여헤이 슈메이흐 라바 므바라흐 르올람 울르올메이 올민(그분의 위대한 이름을 영원히 찬양하리라)"이라고 화답했다는 것이다. 또한 이 대목이 카디쉬 기도문(the Kaddish prayer)에 보전돼왔다는 점도 흥미롭다. ArtScroll의 Kaddish 개요를 참고]

슈마 본문 읽기 1 · 신명기 6:4-9

첫 장에 기록된 계명:

하나님을 사랑하고 그의 계명을 지키며 아이들에게 토라를 가르쳐야 한다. 또한 길을 가거나 일어날 때나 하나님을 말씀을 암송하고 트필린을 착용하고 메주자를 달아야 한다.

본 구절을 암송하는 사람은 '여호와를 사랑하라'는, 긍정적인 계명(248)중 한 가지에 정신을 몰입해야 한다.

슈마의 첫 구절은 하나님께서 온 백성에게 자신을 직접 선포하신대로 주님을 복수형 'אֱלֹהֵינוּ(엘로헤이누, 우리 하나님)'으로 표현했으나 다음 구절은 단수형을 써서 각 사람을 인격적으로 대하시는 하나님을 기술했다. 이는 하나님의 사랑을 받은 특별한 백성임을 강조해주는 말이다(랍비 허쉬).

5. וְאָהַבְתָּ אֵת יהוה אֱלֹהֶיךָ(베아하브타 에트 하쉐임 엘로헤이크하)

(그리고) 하쉐임(여호와) 너의 하나님을 사랑하라

하나님의 계명은 두려움보다는 사랑하는 마음으로 지켜야 한다는 뜻이다. 두려움이 아닌 사랑으로 섬기는 자가 훨씬 위대하기 때문이다. 그리고 두려운 마음에 주인을 섬기는 자는 부담이 가중되면 언젠가는 주인을 떠날 것이다(라쉬).

그러나 성경은 "네 하나님 여호와를 두려워하며 그를 섬기며……(신 6:13)"라고 기록했으므로 두려움과 사랑을 모두 겸비해야 마땅할 것이다. 예컨대, 금지 조항을 저지르고픈 충동이 들 때면 하나님을 두려워하는 마음으로 이를 거부하고, 면제될 근거가 있더라도 계명이라면 응당 사랑으로 실천해야 한다는 얘기다(랍비 메유하스).

앞서 언급했듯이, 여호와(하쉐임)와 엘로힘은 각각 하나님의 '자비'와 엄격한 '공의'를 대변하는데 여기서 두 가지 속성 — 여호와(יהוה 하쉐임) 너의 하나님(אלהים 엘로힘) — 을 전부 표현했다는 점으로 미루어 이 구절은 '하나님께서 자비를 베푸시든 공의로 심판하시든 매사에 하나님을 사랑하라'는 교훈임을 알 수 있다(알쉬흐).

하나님을 위해서라면 자신의 물질과 생명 및 모든 소욕을 포기하는 한이 있더라도 하나님을 (절대적으로) 사랑해야 한다는 것을 잊어서는 안 될 것이다(Orach Chaim 61).

하나님을 사랑하라

한 가지 의문이 생길 것이다. 인간의 감정인 사랑을 다스린 다는 것은 불가능한데 어찌 사랑을 법으로 규정할 수 있느냐고 말이다. 그러나 하나님이 이를 요구하셨다는 것은 사랑의 능력은 모든 사람에게 내재해있다는 방증일 것이다. 그러므로 사랑의 감정을 일깨우고 '사랑의 가능성'을 '실현'하라는 의무가 우리에게 맡겨진 것이다. 사실, 사랑은 계명의 본질이므로 하나님께 대한 사랑을 일깨우고 이를 방해하는 걸림돌은 미연에 제거해야 할 것이다(Sfas Emes).

라쉬는 시프레(6절)을 참고를 인용하여 "토라는 다음 구절(6절)에서 — 오늘 내가 네게 명하는 이 말씀을 너의 마음 위에 있게하라…… — 하나님을 사랑하는 방법을 가르쳐주었다"고 이야기했다. 따라서 말씀이 마음위에 있다면, 여호와 하나님을 인정하고 그의 길을 따르게 될 것이다.

한편, 토라가 사랑을 법으로 규정한 경위에 대해 람밤은 "주님의 위대하심과 경이로운 창조사역, 그리고 보잘 것 없는 피조물의 생사화복에까지 관심을 두시는 하나님을 묵상한다면 그를 지으신 창조주를 사랑할 수 있다"고 주장했다 (Yesodei HaTorah 2:1~2). 따라서 그는 지적인 신념(intellectual conviction)과 더불어 하나님의 위대하신 능력과 계명, 말씀 및 주님의 행적을 묵상하면 하나님을 사랑하는 마음이 일어날 거라고 가르쳤다. 물론 사랑은 인간이 다스릴 수 없는 감정이긴 하나 묵상과 연구를 통해(의지가 있어야 가능한 활동) 하나님을 사랑할 수 있다는 얘기다.

그는 또한 Sefer HaMitzvos(계명들의 책)에서 — 아브라함을 본받아 — 만민에게 "하나님을 믿고 그분을 섬기라"며 선포해야 하는 의무가 이 계명에 포함된다고 덧붙였다. 이를테면, 사랑하는 사람의 자랑거리를 늘어놓으면서 그에게 관심을 가져달라고 부탁하듯 말이다. 따라서 하나님을 정말 사랑하고 주님의 본질을 조금이나마 더 이해한다면 어리석고 무지한 자에게까지 찾아가서는 자신이 터득한 진리를 알라고 촉구할 것이다.

시프레에서 발췌한 글을 보면 아브라함이 강한 신념과 주님에 대한 사랑에 힘입었듯이 '여호와 너의 하나님을 사랑하라'는 말씀은 '세상 사람들이 주님을 사랑하도록' 유도하라는 뜻을 담고 있다. 따라서 이웃을 주님께 인도할 수 있을 정도까지 하나님을 사랑해야 할 것이다.[2] 한편, 그는 Hilchos

---

[2] **귀감을 주는 사랑의 모델**
탈무드(요마 86a)는 사랑에 대한 의무를 좀더 폭넓게 해석하여, 하나님을 사랑한다면 계명을 이행하는 데 만족하지 않고 일상의 소소한 행동에서도 이웃에게 귀감을 줄 거라고 기록했다. 즉, '여호와 너의 하나님을 사랑하라'는 말에는 당신으로 인해 하나님의 이름이 모든 사람에게 사랑을 받아야 한다는 뜻도 함축돼있다는 것이다(עַל יָדְךָ מִתְאַהֵב, 미트아헤이브 알 야드하). 따라서 유대인은 성경과 미쉬나를 연구하고 토라 학자를 섬기며 이웃을 제 몸같이 대해야 할 것이다. 그러면 "그에게 토라를 가르친 아버지와 교사에게는 복이 있으되, 토라를 연구하지 않는 자들에겐 화가 있을 것이다! 토라를 연구한 사람은 복을 받을 것이다!"라며 이웃들은 감탄사를 퍼부을 것이다. 그의 행동이 타의 모범이 되기 때문이다. 그를 두고 성경은 "내게 이르시되 너는 나의 종이요, 내 영광을 네 속에 나타낼 이스라엘이라(사 49:3)"며 찬사를 아끼지 않은 듯하다.
그러나 토라와 미쉬나를 연구하고 토라 학자를 섬기되, 정직하지 않고 막말을 일삼는다면 사람들은 어떤 반응을 보이겠는가? "토라를 연구하는 자나 이를 가르친 아버지는 천벌이나 받아라! 그리고 교사를 비롯하여 토라를 연구하는 작자들에게도 화가 있을 것이다!"라며 저주하진 않을까? 그의 행동이 추악하고 더러워 보이니 말이다. "이들은 여호와의 백성이라도 여호와의 땅에서 떠난 자라 하였음이라(겔 36:20)"는 말씀은 그를 두고 한 말이 아닐까싶다(요마 86a).

Teshuvah[10:3, 6]에서 사랑의 정서적인 측면을 좀더 상세히 풀어놓았다.

그렇다면 어느 정도까지 사랑하라는 말일까? 영혼이 하나님의 사랑에 심취할 만큼 크고 '강력하게' 여호와를 사랑해야 한다. 그럴 수 있다면 상사병에 걸린 사람이 한시라도(앉고 서며, 먹고 마실 때나) 연인을 잊지 못하듯 하나님께 푹 빠지게 될 것이다. 하나님께서 "너의 마음의 모두를 가지고 너의 네페쉬의 모두를 가지고" 명령하신 것처럼 주님을 향한 사랑은 연인의 사랑과는 족히 비교할 수 없으리라. 솔로몬(Solomon)은 "사랑하므로 병이 생겼다(아가 2:5)"며 이를 비유적으로 기록하기도 했다. 《아가(Song of Songs)》는 하나님께 대한 인간의 사랑을 노래한 책이다[ArtScroll의 Shir HaShirim 과 Hirhurei Teshuvah를 참고]. 결국 거룩하신 하나님을 사랑하려면 '너의 마음의 모두를 가지고 너의 네페쉬의 모두를 가지고' 라고 기록된 대로 주님께 완전히 몰입해야

이와 관련하여 세페르 하레이딤(Sefer Chareidim)에 따르면, 하나님을 사랑하라는 계명(mitzvah)에는 주님의 말씀을 연구하는 토라 학자도 사랑해야 한다는 의무가 포함돼있다고 한다. 그래서 탈무드[샤부오트 23b]는 토라 학자를 사랑하는 사람은 이를(토라) 연구하는 자녀에게도 칭송을 받을 것이라 기록했다.

가능하며 사랑의 '농도(measure)'는 하나님을 아는 지식에 따라 달라질 것이다. 지식에 따라 사랑의 정도가 결정된다는 뜻이다. 따라서 사람은 자신의 능력만큼 창조주를 알게 하는 지혜와 분석력(analytical skills)을 터득하고 이해하는 데 전념해야 할 것이다[Yesodei HaTorah 2:1].

בְּכָל־לְבָבְךָ(버콜 러바브ㅋ하)-너의 마음의 모두를 가지고
성경에서 '마음'은 인간의 '지적 정신(intellectual spirit)'을 상징한다(이븐 에즈라). 또한 전심으로 여호와를 사랑하라는 명령은 마음에서 비롯되는 체력까지도 포함해야 한다는 점을 암시한다. 따라서 '버콜 러바브하'는 '하나님을 아는 것을 모든 행동의 목표로 삼으라'는 말로 바꿀 수 있을 것이다(람밤, Moreh Nevuchim 1:59).[위의 '하나님을 사랑하라' 참고]

미쉬나와 시프레를 기록한 랍비들은[버라호트 9:5] 평범한 'לֵב(레이브)' 대신 'לְבָבְ(레이바브)'ב를 두 번 표기]를 쓴 점에 주목하여 '두 가지' 마음을 모아 하나님을 사랑해야 한다고 풀이했다. 라쉬는 이를 가리켜 '네 마음의 모두를 가지고'는

'יֵצֶר הַטּוֹב וְיֵצֶר הָרַע(예이쩨르 하토브 버예이제르 하라, 선하고 악한 마음을 모아서)' 사랑하라는 뜻으로 해석했다.

악한 성향으로도 하나님을 사랑할 수 있을까? 본디 악에는 난관을 극복함으로써 인간 자신을 끌어올리는 기능이 있다. 또한 인간의 근본 성향(악)도 하나님을 섬기는 데 활용해야 하며 세속적인 열정과 야심도 하나님을 위한 도구로 써야 한다. 이를테면, 탐욕과 질투심은 각각 자선과 연구에 좀더 매진할 수 있는 매개체로, 증오는 하나님의 원수를 넘어뜨리는 수단으로 활용해야 할 것이다(랍비 요나).

뿐만 아니라 라쉬는 '너의 마음의 모두를 가지고'['모두'를 강조하여]를 '마음과 하나님이 어긋나선 안 된다'는 뜻으로 해석하기도 했다. [즉, 죄를 짓고픈 충동을 억제하는 데 만족하지 말고 하나님을 사랑하고 섬기는 데만 집중할 수 있는 경지까지 끌어올리라는 얘기다. '마음을 합하여' 하나님을 사랑해야 하니 말이다.]

그러나 람반은 미드라쉬를 인용하여 마음이란 '충동의 힘

(the power of desire)'을 비유하나, 사전적으로는 '이성적인 영혼(rational soul),' 곧 '지성(intellect)'을 뜻한다고 풀이했다. 성경은 마음을 가리켜 지성의 안식처(the intellect's resting place)로 규정했기 때문이다.

וּבְכָל־נַפְשְׁךָ(우버콜 나프슈하) — 너의 네페쉬의 모두를 가지고
네페쉬(soul)는 인간의 감정을 비유한 말로, 성경에서는 종종 간이나 내장에 비유되며 의지와 소욕(창 23:8에서의 쓰임새를 참고)을 일컫기도 한다. 따라서 여호와를 사랑하는 데 의지와 감정을 모두 쏟아야 마땅하다(이븐 에즈라, 알쉬흐(Alshich)).

라쉬는 탈무드를 기록한 랍비의 말을 빌어[버라호트 54a, 61b, 시프레], '네페쉬(soul)'는 말 그대로 '생명'을 상징하므로 본 구절은 전혀 흔들림이 없는 신념과 헌신하는 마음으로 — 네페쉬 모두를 가지고 — 하나님을 사랑하라는 뜻이라고 주장했다. 주님을 위해서라면 자신의 목숨도 희생할 각오가 되어있어야 한다는 말이다[즉, 그가 당신의 영혼을 데려가시더라도……].[3]

"숨을 쉴 때마다 창조주 하나님을 찬양해야 한다(미드라쉬)"

그러나 토라는 대부분 계명보다 생명을 더 중요시했으므로 이를 살리는 일이라면 안식일이라도 해야 옳을 것이다. 또한 하나님을 위해 순교까지도 불사하라는 계명은 세 가지 죄- עֲבוֹדָה זָרָה(아보다 자라, 우상숭배), גִּלּוּי עֲרָיוֹן(길루이 아라욘, 금지된 성행위) 그리고 שְׁפִיבַת דְּמִם(슈피바트 다밈, 살인) — 뿐만 아니라 어떤 범죄로든 하나님의 명예가 실추되는 경우에

---

3) **슈마를 암송하며 순교한 랍비 아키바**
마지막 피 한 방울까지 소진해가며 하나님을 사랑했다는 랍비 아키바의 일화는 탈무드의 고전이 되고 있다. 그는 매사에 '하나님을 사랑하라'는 의무를 다짐하고 이를 몸소 증명하고 싶어 했다. 과연 아키바는 주님을 위해 목숨을 버리라는 명령에도 순종할 수 있었을까? 결국, 로마법을(토라 연구 및 교육을 금함) 위반한 혐의로 체포된 그는 사형 선고를 받게 된다.
슈마를 낭독하는 아침, 랍비 아키바는 공개 형장으로 끌려나왔고 로마 군인들은 그를 톱(iron combs)으로 고문하기 시작했다. 그러나 몸서리칠만한 통증에도 그는 슈마를 암송함으로써 하나님의 주권을 인정했다.
"어떻게 저럴 수가……!" 제자들도 놀라움을 감추지 못했다.
"토라의 말씀에 내 삶을 맡기노라. 하나님께서 목숨을 거두실지라도 우리는 하나님의 주권과 법을 인정해야 한다고—'너의 네페쉬의 모두를 가지고(with all your soul)'라는 말씀과 같이—슈마에서 배웠다. 평소 그 정도까지 하나님께 헌신할 수 있을까하는 의구심이 들었으나 지금 그 기회가 왔으니 이를 기쁨으로 누려야하지 않겠는가?" 임종을 앞둔 그가 말했다.
슈마의 첫 구절(이스라엘아 들으라. 여호와는 [지금] 우리 하나님이시며 [앞으로도 계속] 유일하신 여호와이시니)을 반복하며 '유일하다(אֶחָד)'를 내뱉는 순간 그의 영혼은 떠나고 말았다.
그러자 하늘에서는 "랍비 아키바, 하나님이 한분이심(에하드)을 선포할 때 영혼이 떠났으니 복이 있을 지어다! ……"라는 음성이 들려왔다고 한다.

적용되며 자세한 사항은 Sanhedrin 74a와 Yoreh Deah § 157에 명시돼있다.

람반은 사족처럼 보이는 '모두(all)'에 주목하면서 미드라쉬 해석에 근거하여 '너의 네페쉬의 모두를 가지고'는 순교를 일컫는다고 주장했다. 순교는 일부를 따로 떼서 생각할 수 없는 이유에서다. 따라서 신체를 일부 희생한다는 것은 '영혼의 한 부분'을 바친다는 뜻이나 '네페쉬의 모두를 가지고'라는 말은 곧 죽음을 가리킨다.

וּבְכָל־מְאֹדֶךָ (우버콜 므오데크하) — 너의 능력(resources)의 모두를 가지고

탈무드[버라호트 54a, 61b]의 해석에 근거하여 번역했으나 라쉬는 토라(오경)에서 이를 가리켜 '재물(money)[혹은 재산(property)]을 다하여'라고 풀이했다. 이 계명이 추가된 까닭은 생명보다 부(wealth)를 더 소중히 여기는 사람이 있기 때문이라고 한다. 따라서 물질적인 희생이 따르더라도 하나님을 사랑해야 하며 '우버콜 므오데하'를 암송할 때마다 물질의

시험을 극복하겠다고 다짐해야 할 것이다(Ibn Shu'ib).

그럼 탈무드의 글을 읽어보자.
앞서 '너의 네페쉬의 모두를 가지고'라고 했는데 굳이 '너의 능력의 모두를 가지고'라는 이유는 무엇이며 '너의 능력의 모두를 가지고'라면 그만일 것을 '너의 네페쉬의 모두를 가지고'라고 기록한 까닭은 무엇이란 말인가? 성경은 물질보다 생명이 소중한 사람에게는 너의 네페쉬를 다하고, 그 반대인 사람에게는 '너의 능력을 다하라'고 훈계한 것이다.

라쉬는[ibid. 61b] מְאֹד(므오드)가 מִדָּה(미다, 수단)와 관계가 있다는 주석을 인용, '수단을 모두 동원하여'라고 풀이했다. 즉, 주님이 우리를 어떻게 대하시든 하나님을 향한 애정이 달라져서는 안 되며 여호와가 은혜를 베푸시든 그렇지 않든 사랑이 식어서는 안 된다.
— 축복을 받거나 기분이 좋을 때만큼이나 불행과 근심이 찾아올 때도 하나님을 사랑해야 한다. 따라서 본 구절은 우리를 대하시는 하나님을 정중히 모시는 데 집중하며 암송해

슈마 본문 읽기 1 · 신명기 6:4-9

야 옳을 것이다(Ibn Shu'ib).

여기서 탈무드 기자는[버라호트 54a] 'לְבָרֵךְ אָדָם חַיָּיב הַטּוֹבָה עַל שֶׁמְּבָרֵךְ כְּשֵׁם עַל־הָרָעָה(하ㅋ야브 아담 르바레이크 알 하라아 커셰임 셈바레이크 알 하토바, 사람은 모름지기 좋은 일 못지않게 나쁜 일에도 하나님을 찬양해야 마땅하다)'[4]를 끄집어냈다. 빌나 가온은 'מְאֹד(므오드)'가 '부(wealth)'를 일컫는다는 해석을 따라 본문을 '너의 재산 전부로도 …… 여호와를 섬길 지어다.' 라고 설교했다. 즉, 부유할 때도 그러라는 것이다.

이븐 에즈라와 람반은 그것이 'מְאֹד(많다)'에서 파생됐다는

---

[4] 랍비 핀하스(Pinchas)와 훗날 저명한 하시디즘 리더가 된 슈멜카 호로비츠(Shmelka Horowitz)는 메즈리치의 마기드를 찾아가 하시디즘 철학과 가르침의 본질을 물었다. 토론 분위기가 무르익을 무렵, "어떻게 화복에 상관없이 하나님께 감사할 수 있습니까?" 그들이 묻자. 마기드는 "주시아를 찾아가면 답을 가르쳐줄 걸세"라고 답변했다. 한편, 아니폴리(Anipoli)의 랍비 주시아는 마기드 연구소에서 온종일 연구에 매진했던 제자였는데, 가난에 허덕이는 데다 갖가지 만성질환으로 고통이 가실 날이 없었으며 아내는 타고난 잔소리꾼이었다. 그럼에도 랍비는 의욕을 잃은 적이 없었다고 한다. 그를 찾아간 두 사람은 마기드가 가보라기에 왔다고 밝히고는 형편에 관계없이 하나님께 감사할 수 있는 비결을 물었다. 랍비 주시아는 흠칫 놀라는 표정으로 "답변하기가 곤란한 질문이군요. 스승님이 제게 보내신 까닭은 정말 모르겠습니다. 그거야 형편이 정말 어려운 사람이나 말해줄 수 있겠죠. 하지만 저는 지금껏 아무 부족함 없이 살고 있는 걸요?" 그제야 두 랍비는 마기드의 말을 이해할 수 있었다. 즉, 하나님이 내리는 심판은 무엇이든 감사함으로 받아들일 수 있을 만큼 기뻐하며 살아야 한다는 것이다.

것을 지적하여 하나님을 아주 많이 사랑해야 한다고 해석했다 (극도로 강한 애정으로). 람반은 위에 언급된 전통 해석을 인용하며 '모든 재력을 다하라(with all your resources)'고 가르쳤는데, 이는 재산(property)이 '므오드(풍성)'로 불리므로 …… 본 계명은 '풍성한 재산(부)으로 하나님을 사랑하라.'는 뜻이라는 얘기다.

'מְאֹד(므오드)'[많이]는 흔히 '키느얀(קִנְיָן, 재산)'이라든가 '르후쉬(רְכוּשׁ, 부)' 혹은 '케세프(כֶּסֶף, 돈)' 등 경제적인 수단 이상의 개념을 일컫는 '재력(resources)'이다. 개인이 애착을 느끼는 것은 모두 해당되므로 하나님의 사랑이 위태로워진다면 그마저도 내놓을 수 있어야 한다(호페츠 하임).

그러나 토라의 금지령을 위반하는 것 대신 재산을 압류하려 한다면 긍정적인 계명이 적용되어 5분의 1 이상은 내놓지 않아도 된다(오라흐 하임 § 696).[5]

---

[5] '재력을 다하여'는 슈마 본문 중 이곳에만 등장하며 단수형으로 개인에게 이른 말씀이다. 그러나 공동체가 대상인(복수형) 두 번째의 'וְהָיָה(버하야)'에는 하나님을 위해 공동체의 재력을 내놓아야 한다는 개념이 빠졌다. 이는 전 공동체의 재산을 보존하고 생계를 잇는 수단이 곧 생사의 문제이기 때문이나, 'וּבְכָל־נַפְשְׁכֶם(우버콜 나프슈헴, 또한 너희 영혼을 다해)(코츠크Kotzk의 랍비)'에

슈마 본문 읽기 1 • 신명기 6:4-9

6-9절 / 하나님을 마음에 두고 보여주어 따르게 하라!

6 וְהָיוּ הַדְּבָרִים הָאֵלֶּה אֲשֶׁר אָנֹכִי מְצַוְּךָ הַיּוֹם עַל־לְבָבֶךָ

וְדִבַּרְתָּ בָּם בְּשִׁבְתְּךָ בְּבֵיתֶךָ וּבְלֶכְתְּךָ בַדֶּרֶךְ וּבְשָׁכְבְּךָ וּבְקוּמֶךָ

7 וְשִׁנַּנְתָּם לְבָנֶיךָ

8 וּקְשַׁרְתָּם לְאוֹת עַל־יָדֶךָ וְהָיוּ לְטֹטָפֹת בֵּין עֵינֶיךָ

9 וּכְתַבְתָּם עַל־מְזוּזֹת בֵּיתֶךָ וּבִשְׁעָרֶיךָ ס

6 오늘 내가 네게 명하는 이 말씀을 너는 마음에 새기고

7 네 자녀에게 부지런히 가르치며 집에 앉았을 때에든지 길을 갈 때에든지 누워 있을 때에든지 일어날 때에든지 이 말씀을 강론할 것이며

8 너는 또 그것을 네 손목에 매어 기호를 삼으며 네 미간에 붙여 표로 삼고

는 포함돼있다.

랍비 잘만 소로츠킨(Zalman Sorotzkin)은 이를 논의하면서 공동체와 각 구성원의 근본적인 차이를 규명했다. 개인이 하나님을 위해 재력과 생계수단을 포기하더라도 ― 유대 역사가 그랬듯이 ― 그는 공동체의 지원을 받을 수 있으므로 희망이 있다는 것이다. 따라서 개인의 재력을 모두 다 바쳐서 하나님을 섬기더라도 생명에는 지장이 없을 것이다. 그러므로 "필요하다면 생명까지도 바쳐야한다."는 가르침이 동반돼야 한다. 그러나 공동체의 재원이 바닥나는 것은 단순히 경제적인 문제에서 그칠 일이 아니다. 생계수단과 재원이 없다면 ― 설상가상으로 그들을 도울 공동체마저 없다면 ― 병치레와 기아로 이어질 공산이 클 것이다. 따라서 "공동체도 모든 재력을 동원하여 하나님을 섬겨야 한다."는 두 번째 계명은 삶을 포기할 각오를 가져야한다는 말과 같다.

9 또 네 집 문설주와 바깥문에 기록할지니라

6. 전 구절에서 언급된, 하나님의 '사랑'을 받으려면 어떻게 해야 하는가? 말씀이 "*오늘 내가 네게 명하는 이 말씀을 너는 마음에 새기고……*"로 이어진 까닭은 끊임없이 토라에 몰입해야만 하나님의 인정을 받고 그의 길을 따라 살 수 있기 때문이다(시프레, 라쉬).

그러므로 본문은 토라 연구를 강조하는 구절이라는 것이다. 그래야만 하나님을 사랑할 수 있을 테니 말이다(하멕 다바르).

וְהָיוּ הַדְּבָרִים הָאֵלֶּה(버하유 하드바림 하에일레) — 그리고 이들로 하여금[직역하면 그리고 이 말씀은(복수) ~이 돼야 한다]

이 말씀은 하나님의 사랑을 언급한 장이나 일반적인 토라의 계명을 뜻한다(Mizrachi, Gur Aryeh, 랍비 허쉬, 하멕 다바르 참고. '하나님을 사랑하라'는 계명을 줄기차게 강조한 HaKsav V'HaKabbalah도 아울러 참조할 것).

탈무드 랍비들은 '본연의 모습 그대로 있을 지어다'라는 의미의 וְהָיוּ(버하유, 또한 그들은 ~일 것이다)'를 다양하게 해석했

슈마 본문 읽기 1 · 신명기 6:4-9

다. 즉, 슈마를 암송하는 사람은 쓰인 순서대로 이를 낭독해야 그의 의무를 성취할 거라는 얘기다(버라호트 13a).

אֲשֶׁר אָנֹכִי מְצַוְּךָ הַיּוֹם(아쉐르 아노히 므짜브하 하욤) — 오늘 네게 명하는

הַיּוֹם(하욤)은 '오늘' 외에도 '하나님의 계명을 구태의연하다거나 무용지물로 치부하지 말라.'는 숭고한 메시지를 담고 있다. 즉, 바로 오늘 당신에게 이른 어명처럼 항상 새로운 명령으로 인정하라는 것이다[왕이 오늘 그의 뜻을 전달하므로 이를 기쁘게 순종해야 한다](라쉬, 시프레).[6]

'הַיּוֹם(하욤)'과 'עַל־לְבָבֶךָ(알 르바베하)' 사이에는 잠깐 쉬어준다. '오늘만 네 마음속에 새기라'는 오해를 불러일으키지 말아야 하기 때문이다(슐한 아루흐, 페사힘 56a).

---

[6] 전 우주에 사람이라고는 저 혼자뿐이고 하나님의 계명은 본인만 순종할 수 있으며 토라는 자신이 가진 유일한 책이며 바로 오늘이 그의 마지막 날이라고 생각해야 한다. 그래야 하나님의 섬기고 계명을 준행하는 데 1분 1초도 낭비하지 않을 것이다. 그러므로 본 구절은 "내가 오늘 명하는 (유일한 책인) 토라의 말씀은 너(만)이 지킬 수가 있다. 내일까지 목숨이 이어질지 장담할 수 없으니 말이다."라고 해석할 수 있다(호페츠 하임).

עַל־לְבָבֶךָ(알-르바베하) — 네 마음에 새기고 / 너의 마음 위에
'네 마음에'는 말씀이 마음을 지배해야 한다는 것으로, 자신이 감정을 다스려야지 그에 휘둘려서는 안 된다는 말이다(랍비 므나헴 멘델).

• '이 말씀을 항상 실천할 각오로 살아야 한다.'는 것이 글자 그대로의 뜻이다(랍비 호프만).

이는 하나님을 사랑하는 방법이기도 하다. 토라의 가르침과 하나님께 대한 의무를 항상 의식하며 산다면 하나님을 사랑하지 않을 수 없기 때문이다(시프레).

• 가르침은 보석을 끼우듯 마음위에 두어야 한다. 영성이 흥할 때 마음이 '열리면(opens)' 말씀이 그 안으로 직행할 것이다(랍비 므나헴 멘델).

7. וְשִׁנַּנְתָּם לְבָנֶיךָ (버쉬난탐 러바네이하) — [또한] 네 아이들에게 그것을 철저히 가르치라[7]

동사는 문자대로 풀이하자면, '날카롭게 인상을 심으라(impress sharply).'는 뜻이다. 토라의 말씀은 입에 '날카로워야즉, 익숙해져야' 하므로 누군가가 그에 대해 물으면 더듬거리지 말고 즉시 답변할 수 있어야 한다는 얘기다(키두신 30a, 라쉬).

라쉬의 주장에 따르면, וְשִׁנַּנְתָּם(버쉬난탐)은 מִשְׁנֶה(미쉬네의 שנה사나)'가 아니라 שָׁנַן(날카롭게 갈다)'에서 비롯되었다고 한다 [라쉬밤과 이븐 에즈라 등 여러 주석가의 견해가 일치]. 따라서 본문은 '또한 너는 아이를 위해 그것을(복수) 완벽히 습득해야 한다(미즈라히, Tzeidah laDerech).'라고 풀이할 수 있다.

그는 '아이들'이 제자(students)를 가리키기도 하므로 'אַךְ

---

[7] 히두쉐이 하림(The Chidushei HaRim)은 자녀 열 셋이 모두 숨지는 비극을 겪어야 했다. 그럼에도 눈물을 거의 흘리지 않은 채 그는 '여호와께서 주신 것이니 주께서 취하심이 마땅합니다.'라는 말만 했다고 한다. 그러나 마지막 아이가 숨을 거두자 그는 냉정을 잃은 채 오열하고 말았다. 하시딤 친구가 전에는 꿋꿋이 참았는데 이번에는 왜 그러지 못했는지 묻자 그는 "내가 운 까닭은 '네 아이들에게 철저히 가르치라'는 계명을 더 이상 지킬 수가 없게 됐기 때문일세."라고 대꾸했다.

(아브, 아버지)'는 스승을 의미할 수도 있다고 덧붙였다.

주석가들은 라쉬가 '아이들'을 제자로 본 까닭을 두고 아버지라면 자자손손 토라를 가르쳐야 하는 의무가 앞 절에 명시돼 있기 때문이라고 지적했다[신 4:9]. 그러므로 라쉬는 '제자에게 토라를 가르치는 것이 모든 사람의 의무'라는 데까지 본 구절을 확대 적용한 셈이다(마스킬 르다비드 Maskil l'David).

וְדִבַּרְתָּ בָּם(버디바르타 밤) — 그리고 그에(복수) 대해 말하라 / 그들(토라의 말씀) 안에서 말하라

그것을[토라의 말씀] 대화의 주제로 삼아야지 뒷전에 두면 안 된다(라쉬).

또한 토라를 끊임없이 읽어서 이를 잊지 말아야 한다. 암기는 입으로 반복할 때 가장 오래 남으므로 하나님의 계명은 소리 내어 읽어야 한다는 것이다(스포르노).

말씀은 남녀노소나 처소를 막론하고 일상의 관심사가 돼야 한다. 물론 다른 이야기를 모두 무시하라는 것이 아니라 — 라쉬가 강조했듯이 — 토라가 대화의 주제가 되는 편이

슈마 본문 읽기 1 · 신명기 6:4-9

바람직하다는 것을 훈계하라는 얘기다(Gur Aryeh).

라쉬의 해석은 탈무드의 한 견해를 따른 것이나(요마 19a), 그 외에도 '가벼운 농담을 일삼지 말아야 한다.'는 입장도 있다.

탈무드 예루샬미 소타(Yerushalmi Sotah 7:1) 예루살렘 탈무드에 따르면, 본 절은 מְדַבֵּר שֶׁאַתָּה לְשׁוֹן בְּכָל(버콜 라숀 쉐아타 므다베이르, 네가 말하는 모든 언어로)'에서 비롯되었으므로 슈마는 모든 언어로 낭독될 수 있다는 뜻이 성립된다(히브리어를 모를 경우)[버라호트 13a. Torah Temimah 비교].

בְּשִׁבְתְּךָ בְּבֵיתֶךָ וּבְלֶכְתְּךָ בַדֶּרֶךְ(버쉬브트하 버베이테하 우블레흐트하 바데레흐) — 집에 앉았을 때에든지 길을 갈 때에든지
• 즉, 일상 속에서[아래를 참조](라쉬)

일상생활이나 비즈니스에 마음이 빼앗길 때라도 토라가 중요시하는 말씀에 집중해야 한다(에쯔 요세프).

낭독시간

וּבְשָׁכְבְּךָ וּבְקוּמֶךָ(우브샤흐브하 우브쿠메하) — [그리고] 누워 있을 때에든지 일어날 때에든지

비유적인 말씀이긴 하나 (글자 그대로) 저녁과 아침에 낭독해야 한다는 뜻이기도 하다! 라쉬는 '누웠을 때나 일어날 때든지'를 두고 슈마를 읽는 시간이 개인의 습관에 따라 좌우돼선 안 된다고 가르쳤다. 이를테면, 한낮에 일어나거나 잠을 청하는 사람[낮잠]에게는 적용되지 않는다는 것이다. 따라서 낭송 시간은 일반적인 취침·기상시간을 가리킨다.

본문은 샴마이와 힐렐 학파간의 율법 논쟁의 주제가 되기도 했는데(버라호트 10b), 전자는 '눕고 일어나는'을 문자 그대로 해석해야 한다고 주장했다. 즉, 저녁때는 누워서, 아침에는 서서 낭독해야 한다는 얘기다. 그러나 힐렐파는 생각이 달랐다. 그들은 본문의 의미를 וּבְלֶכְתְּךָ בַדֶּרֶךְ(우버레흐트하 바데레흐, 또한 길을 걸을 때)'에서 유추하여 슈마는 걸을 때든, 앉든, 서든 본연의 모습대로 읽는다고 해석했다. 따라서 본문은

슈마 본문 읽기 1 · 신명기 6:4-9

읽는 자세보다는 슈마를 낭독하는 시기를 일컫는다는 것이다 (사람들은 보통 저녁때 눕고 아침에 일어난다)(아래 참조). Halachah는 후자를 따랐으며 라쉬 역시 이를 토대로 해석했다.

저녁 낭독 시간은 별이 눈에 보일 때부터(צֵאת הַכּוֹכָבִים 쩨이트 하코하빔) 동이 틀 때까지(עֲלוֹת הַשַּׁחַר 알로트 하샤하르)이다. 그러나 랍비들은 자칫 잊어버린 채 잠이 들 수도 있으므로 자정 전에 낭독하라고 권한다. 오전 낭독 시간은 4규빗(약 8피트) 떨어진 친구를 알아볼 만큼 광도가 충분할 때부터 낮 시간(daylight hours)의 4분의 1이 지날 때까지다.

의식(The ritual)

저녁기도 의식은 슈마의 세 부분으로 구성되며 전후로 축사를 둘 씩 두었다. 전반부 기도 중 첫째와 둘째는 각각 밤과 낮의 질서를 주관하시는 하나님(הַמַּעֲרִיב עֲרָבִים 하마아리브 아라빔)과 토라를 주신 하나님의 사랑(אַהֲבַת עוֹלָם 아하바트 올람)을 기록했으며 후반부에서는 믿음을 선언하고 (אֱמֶת וֶאֱמוּנָה 에메트 베에무나) 평화로운 안식을 청하는 기도

(הַשְׁכִּיבֵנוּ 하슈키베이누)가 담겨있다. 저녁기도는 아미다 (עֲמִידָה)와 알레이누(אָלֵתנוּ)로 연결된다[축사 יהוה לְעוֹלָם בָּרוּךְ 바루흐 하셰임 르올람은 후대에 추가됐다]. 취침 전에는 시편과 축사를 추가해서 낭독하기도 한다[183-235면 참고].

한편, 오전 기도문은 전후에 각각 둘과 하나의 축사를 기록했다. 이는 (1) 낮의 빛을 창조하신 하나님과 יוֹצֵר אוֹר(요쩨이르 오르) (2) 토라를 주신 하나님 אַהֲבָה רַבָּה(아하바 라바), 그리고 (3) 이스라엘을 회복하실 하나님을 יִשְׂרָאֵל גָּאַל(가알 이스라엘) 찬양하는 기도가 담겨있다. 그런 후 오전 예배 때는 아미다로 이어진다.

트필린

8. וּקְשַׁרְתָּם לְאוֹת עַל-יָדֶךָ(우크샤르탐 러오트 알-야데하)
— [그리고 너는] 그것을[이 대목과 율법이 규정한 다른 말씀] 네 손목에 매어 기호를 삼으며

비유적인 것으로 해석할 수도 있지만 — 말 그대로 팔에

슈마 본문 읽기 1 · 신명기 6:4-9

착용하는 트필린을 일컫는다(라쉬).

트필린은 – 단수형은 트필라 – (주로 헬라어 phylacteries 라고도 한다) פלל(팔랄)이라는 어원에서 비롯되었으며 히브리어 '트필라(기도)'와 심판[시 106:30] 및 '증언'을 함축한다. 토사포트 므나호트 34b s.v. לטוטפת, 푸르 오라흐 하임 25, 쇼라쉼 s.v. פלל, 주석. 에스겔 24:17 s.v. פארך Targum Yonasan은 이를 טוטפתך(토트프테이흐)로 해석했다. טוטפת (토타포트) 아래를 참조할 것.

트필린과 관련된 562번째 계명은 이미 출애굽기 13:9에 언급됐으며 토라는 트필린을 팔과 머리에 묶어야 한다고 분명히 가르쳤다(람반). 트필린은 네 단락을 – קדש(카데이쉬, 출 13:1~10), והיה כי יביאך(버하야 키 여비아하, ibid 11~16), שמע(슈마, 신 4~8), והיה אם שמע(버하야 임 샤모아, ibid 11:13~21) – 담고 있다.

람반과 히누흐에 따르면, 위 네 단락이 선별된 까닭은 '하나님의 주권'과 '유일성'뿐 아니라 및 상벌을 인정하며 주님의 계명과 출애굽(유대교의 근본적인 독트린)을 사실로 받아들이기 때문이다. 게다가 트필린 규정도 이에 언급됐다.

팔에 착용하는 트필린을 보면 네 단락이 양피지 한 줄(one strip of parchment)에 적혀있고 이를 한 상자에 담았다. 그러나 머리에 두르는 트필린에는 별개의 양피지에 기록된 단락이 네 부분으로 나뉜 상자에 있다. 손에 감는 트필린을 두고는 'אוֹת(오트, 징표)'라는 단수를 썼고 머리용 트필린은 'טוֹטָפֹת(토타포트)[넷이라는 뜻(라쉬의 설명을 참고)]'라는 복수를 썼기 때문이다. 트필린 제작법은 모세에게 전달되었다 (הֲלָכָה לְמֹשֶׁה מִסִּינַי 할라하 러모세 미시나이, 므나호트 34~36 참고).

주석가들은 트필린이 하나님의 종을 식별하는 상징과도 같은 계명이라고 가르쳤다. 이를테면, 왕의 심복이 제복과 휘장을 두르면 일반인과 구별될 뿐 아니라 의무를 항상 생각하게 되듯, 유대인도 트필린을 통해 이방 민족과 구별된다는 것이다. 할례와 머리팔에 착용하는 트필린, 옷에 걸치는 찌찌트 및 문설주에 붙이는 메주자는 유대인을 구별해줄 뿐 아니라, 갈 바를 알려주며 무엇을 하든지 피할 수 없는 '눈(Eye)'이 일거수일투족을 지켜본다는 것을 일깨워주는 매체로 자리를 잡았다. 고대에는 트필린을 하루 종일 걸쳤으나 요즘은 아침 기도 때만 두른다.

트필린 착용 위치[손목]

'יָד(야드)'는 문맥에 따라 팔이나(손을 포함) 손을 뜻한다[아라힌 Arachin 19b, 토스 므나호트 37a s.v. כבורת 참고](그러나 대개는 손에 착용한다). 토세프타(샤부오트 9:15)는 사사기(15:14)에서 팔 전체를 'יָד(야드)'라고 불렀다(Malbim to Mechilta, Bo § 110 참고). 그런데 트필린의 경우, עַל יָדְךָ(알 야드하)는 손이 아니라 '팔위에'로 옮겨야 한다. 왜냐하면 탈무드[므나호트 ibid 및 시프레]는 손 트필린을 두고 심장 반대편의 이두근 안쪽(inner biceps muscle)에 묶어야 한다고 규정했기 때문이다. [v. 18, s.v. 우크샤르템 p. 38. 참고 따라서 '손위에'가 아니라 팔 전체를 제어하는 '위쪽 팔 근육에'라야 옳다는 얘기다. 이는 손 트필린이 네게 징표가 된다(לְךָ לְאוֹת 르하 르오트)는 출애굽기(13:9)의 문맥과도 일치한다.

즉, 트필린을 걸친 사람만이 알 수 있는 징표(대개 소매가 가려지는 부분이므로)이기 때문에 '손'은(남들도 볼 수 있는 부위) 아니라는 것이다(므나호트 ibid). [בֵּין עֵינֶיךָ 베인 에이네하 아래의 B'chor Shor 참고].

또한 트필린을 두르는 팔은 왼쪽인데, 랍비들은 이를 두 가지로 해명했다. 첫째, 출애굽기(13:6)의 계명에 따르면, יָדְךָ(야드하)는 יָדְכָה(야드하=כֵּהָה יָד 야드 케이하[약한 팔])로 적었으므로 두 팔 중 약한 편은 단연 왼쪽일 것이다. 둘째, וּקְשַׁרְתָּם(우크샤르탐, 그리고 너는 그것(복수)을 묶을 지어다)'와 다음 절 'וּקְתַבְתָּם(우크타브탐, 그것을 쓰라)'의 근접성에서 실마리를 발견했다. 그럼 탈무드(므나호트 37a)의 해석을 들어보자. '오른손으로 글을 쓰듯 묶는 것도 오른손으로 해야 한다.' 오른손으로 트필린을 묶어야 한다면 걸치는 손은 왼손이 돼야 마땅하다는 것이다. [손이 왼손으로 쓰인 이사야(48:13)과 사사기(5:26) 및 시편 (74:11)에 근거를 둔 므나호트 366의 주석도 아울러 참고할 것]

따라서 왼손잡이는 트필린을 오른손에 둘러야 한다. 오른팔이 약할 뿐 아니라 왼손으로 글을 쓰고 트필린을 묶어야 하기 때문이다.

랍비들은 트필린을 **אוֹת**(오트, 징표[출 13:16을 참고])라고 언급한 대목에서 안식일이나 축제일에는 착용하지 않는다는 것을 끄집어냈다. 성일(sacred days) 자체가 하나님과 이스라엘의 징표기 때문이다[출 31:13 및 주석 참고]. (에루빈 96a, 토라 슐레이마 Torah Sheleimah 참조)

슐한 아루흐는 וּקְשַׁרְתָּם לְאוֹת עַל־יָדֶךָ(우크샤르탐 르오트 알-야드[오전 예배 동안])를 말할 땐 팔에 감은 트필린에 손을 대고 וְהָיוּ לְטֹטָפֹת בֵּין עֵינֶיךָ(버하유 르토타포트 베인 에이네이하)는 머리에 두른 트필린에 대며 이야기해야 한다는 관습을 인용했다. 트필린에서 손을 뗀 후 손가락에 입을 맞추는 관습도 있었다고 한다.

וְהָיוּ לְטֹטָפֹת בֵּין עֵינֶיךָ(버하유 르토타포트 베인 에이네이하) — 또한 (그것들을) 너희 미간에 붙여 표(트필린)를 삼으며—머리에 착용하는 트필린을 일컫는다(라쉬).

트필린 착용 위치[머리]

성경에서 언급한 '미간(**between** your eyes)'은 양 눈의

중심부에서 약간 올라간, 두개골의 전면부를 가리키며 그 정의는 신명기(14:1)에서 유추했다. 따라서 트필린은 머리카락선과 그 윗부분 사이에 착용해야 한다[므나호트 37a, b. 참고]. 머리선 위에 감는것은 또 다른 율법에서 도출해낸 것으로 신명기(14:1)과 비교해봄직하다. "죽은 자를 위하여 자기 몸을 베지 말며 눈썹 사이 이마 위의 털을 밀지 말라."는 말씀은 지나친 애도행위에 대한 명령인데, 본문의 '미간'은 눈 사이를 가리키진 않을 것이다. 거긴 털이 자라지 않기 때문이다. 그러므로 두 구절은 두개골 앞쪽의 머리카락선 윗부분을 지정한 것으로 볼 수 있다. 랍비 허쉬는 그 부위에 대해 "눈을 제어하는 두뇌의 중심부이자, 수집된 생각이 수용되는 곳"이라고 밝혔다.

"그 해석[트필린을 두르는 손과 미간이 각각 팔 윗부분 안쪽과 두개골의 전면부라는 것]을 두고는 왈가왈부할 여지가 없다. …… 랍비의 전통과 선조의 업적을 수용하는 것 역시 의심할 여지가 없다. 이를 의심하는 자는 א 를 '베이트'라 하지 않고 '알레프'라 부르는 까닭을 묻는 것과 같으며 훗날 심판대 앞에 서게 될 것이다(B'chor Shor)."

트필린 계명은 일찍이 출애굽기에서 두 차례에 언급되었는데 내용도 거의 비슷하다.

"이것으로 네 손의 '기호(sign)'와 네 미간의 '표(memorial)'를 삼고(출 13:9)"

"이것으로 네 손의 '기호(sign)'와 네 미간의 '표(tefillin)'[히브리어, 토타포스(아래 참고)]를 삼으라(출 13:16)"

람반은 '미간의 표(memorial)'לְזִכָּרוֹן, 러지코론]을 두고 "머리에 두르는 트필린은 '기억의 중심부(seat of remembrance)' 즉, 양 눈 위로 올라간 뇌의 시작부분에 착용해야 한다."는 것으로 풀이했다. 또한 '미간(בֵּין 베인)'은 좌우 어느 한쪽에라도 치우치지 않는 '정중앙'을 일컫는다는 것이다.

트필린은 손에 두른 후 머리에 착용한다

손에 감는 트필린이 먼저 언급된 까닭에 '할라하'는 이를 손에 먼저 두른 후 머리에 착용해야 한다고 가르친다. 하지만 풀 땐 머리가 먼저다. 이는 므나호트 36a에 기록한 대로 머리에 트필린을 두를 땐 손 트필린도 함께 착용해야 한다는 데서 비롯되었다. 머리 트필린과 관련하여 복수형(וְהָיוּ 버하유, 그들은 ~이 될 것이다)을 썼다는 데 주목해야 한다. 즉, 머리에 트필린을 두르면 두 트필린이 이미 몸에 있어야 한다는 것이다. 따라서 머리 트필린을 나중에 착용하고 먼저 벗어야 옳다(라쉬 ad loc. Torah Temimah 참조).

טוֹטָפֹת(토타포트)의 의미

'טוֹטָפֹת 토타포트'의 어원은 분명치가 않다. 여기에만 등장하는 이 단어는 트필린 계명이 처음 언급된 출애굽기(13:9)와 신명기(13:18)에서 유사한 점을 찾을 수 있다.

'토타포트'를 트필린으로 옮긴 까닭은 출애굽기(13:16)를 해석한 온켈로스(Onkelos)와 라쉬의 입장을 반영했기 때문이다. 라쉬는 '토타포트'가 외국어 '토트(tot)'와 '파스(pas)'가 — 각각 '둘'을 뜻하는 수사로 토트는 Katpi어(카스피언 혹은 콥트어)인 반면, 파스는 Afriki어(북아프리카 지역 혹은 Phrygian) — 결합한 합성어라고 기록한 탈무드[산헤드린 4b]를 인용했다. 또한 트필린이 그같이 불린 까닭을 두고는 "머리 트필린이 네 부분으로 구성됐기 때문"이라고 설명했다.

그러나 아바르바넬(Abarbanel)은 토타포트가 고대 이집트의 '토트(tot)' 혹은 '오타트(otat, 두뇌)'에서 ― 트필린이 자리를 잡는 곳 윗부분의 기관 ― 비롯된 것이라고 주장했다(아바르바넬).

온켈로스가 토타포트를 아람어의 '토타포트(totafos)'가 아닌 '트필린'으로 여긴 까닭은 문자 그대로의 뜻보다 관례상 흔히 쓰이는 '트필린'을 보전하려했기 때문이다. 트필린에 대응되는 아람어가 '토타포트'라는 것은 에스겔 24:17에도 잘 나타나있다. 본문에 따르면, 트필린을 일컫는 히브리어 형용사 'פְּאֵר(프에이르, 위엄)'가 탈굼(Targum)에서는 'טוֹטַפְתָּךְ(토트프테이흐)'로 옮겨졌다. 온켈로스는 레위기(23:40)를 해석할 때도 어구의 정의대신 전통적인 율법식 의미를 부여했다. 예를 들자면, פְּרִי עֵץ הָדָר(프리 에이츠 하다르, 잘 자란 나무의 열매)=에트로그(esrog), כַּפֹּת תְּמָרִים(카포트 트마림, 야자수의 가지)=룰라브(lulav), עֲנַף עֵץ־עָבֹת(아나프 에이츠 아보트, 두꺼운 가지)=하다심(hadasim), עַרְבֵי נַחַל(아르베이 나할, 시내버들)=아라보트(aravos) (Marpei Lashon, Shaarei Aharon) 등이 있다.

또 다른 해석으로 라쉬는 문법학자인 므나헴 벤 사루크(Menachem ben Saruk)의 말을 — נָטַף(나타프, 말하다[겔 21:2, 미 26 참고])에서 이를 유추해낸 — 인용하여 토타포트란 대화를 일으키는 실체로 출애굽기(13:9)의 '표(memorial)'에 대응된다고 주장했다. 즉, 머리에 착용하는 트필린은 하나님의 기적을 연상시키고 이를 보는 모든 이들에게 기적을 화두로 삼도록 유도하는 것이다.

람반은 랍비들의 말마따나[샤부오트 57a] טוֹטָפֹת(토타포트)를 이마에 다는 장신구로서 귀에서 귀로 이어지는 것으로 풀이했다(미쉬나에 자주 등장한다). "여성은 안식일에 토테페트나 장신구를 머리에 착용한 채 외출해서는 안 된다." 람반은 랍비들이 성경 언어에 정통했으니 그들의 해석을 존중해야 마땅하다고 주장했다[사무엘하(1:10)의 탈굼 참고]. 토라가 토타포트라는 복수형(토테페트는 단수)을 택한 까닭은 머리에 두르는 트필린이 몇 부분으로 나뉘었기 때문이며, 각 부분은 조상들이 모세를 비롯한 선지자들에게 배운 바를 그대로 전수해왔기에 제 나름의 형식과 질서가 있다. 팔에 두르는(심장 옆) 트필린에는 힘과 열정을 하나님께 봉헌한다는 것을 상징하며, 머리에 감는 트필린에는 모든 것을 아시는 하나님께 헌신하겠다는 뜻을 담고 있다.

이는 십계명 중 하나인 '네 이웃의 집을 탐하지 말라'는 말씀과도 관계가 깊다. 본문은 이웃의 집이 아닌 בֵּיתֶךָ(베이테하, 너의 집)'를 명시했으므로 이웃의 집을 부러워하지 말고 자신의 것에 만족하라는 뜻이 내포돼있다.

9. 메주자

וּכְתַבְתָּם עַל־מְזֻזוֹת בֵּיתֶךָ וּבִשְׁעָרֶיךָ(우흐타브탐 알 므주조트 베이테하 우비슈아레이하) — 또 네 집 문설주와 바깥문에[직역하면 '안에'] 기록할지니라

메주자 두루마리(a mezuzah-scroll)를 가옥 문설주에 붙여

서 지키는 계명이다. '메주자'는 '문설주'라는 뜻으로[출 12:7, 22, 23; 21:6 참고] 그 위에 말씀을 직접 적어야 하는 것으로 생각하기 쉬우나 므나호트 34a에서 랍비들은 두루마리에 기록해야 한다고 가르쳤다. 이는 동사 כתב(카타브, 쓰다)가 두루마리에 글을 쓰는 이혼 규정과 관련하여 쓰였다는 사실에서 비롯된 것이다[신 24:1]토사포트와 비교. 따라서 메주자도 이미 정해진 법에 따라 말씀을 기록한 두루마리를 문설주에 부착해야 한다. 탈무드에 기록된 또 다른 견해에 따르면, 이 가르침은 כְּתִיבָה תַמָּה(크티바 타마, 눈에 확 띄는 기록)를 암시하는 וּכְתַבְתָּם (우크타브탐, 또한 너는 그것[복수]을 써야 한다)에서 도출된 탓에 잉크를 두루마리에 (주석가의 말을 빌자면) 써야 이를 완벽히 성취할 수 있다는 것이다. 잉크를 나무나 벽 혹은 돌로 된 설주에 직접 쓰면 글씨를 제대로 쓸 수 없기 때문이다.

따라서 성경 히브리어로는 메주자가 '문설주'라는 뜻이지만 그보다는 '두루마리'에 더 가깝다고 보면 된다.

메주자에는 슈마의 두 단락 첫 마디인 שְׁמַע(슈마)'와 וְהָיָה אִם שָׁמֹעַ(버하야 임 샤모아)'가 토라 두루마리에 적힌 대로 (22행) 기록돼있다. 두 단락의 마지막 절은 메주자 규정을 담았으며 양피지 뒷면에는 하나님의 이름 'שַׁדַּי'(샤다이) '전능하다'는 뜻이나, 콜 보(Kol Bo)는 'שׁוֹמֵר דַּלְתוֹת יִשְׂרָאֵל'(쇼메이르 달토트 이스라엘, 이스라엘 문의 수호자)'의 첫 단어를 조합한 것이라고 주장했다. 그리고 양피지는 상자 안에 넣어두므로 틈새를 통해서만 말씀을 볼 수 있다.

한편, 공백 측면 바닥에는 "כוזו במוסז כוזו"이 쓰여 있는데 칼발라식 알파벳 체계에 따르면, 각 문자는 그 앞 자를 암시한다고 하므로 이는 'ה' אֱלֹהֵינוּ ה''(하쉐임, 엘로헤 이누 하쉐임)'으로 읽을 수 있다. 말린 양피지는 각 방이나 집 혹은 현관 문설주 오른편에 붙이되 상부에서 3분의 1 되는 곳에 안쪽으로 비스듬히 기울인다. 집에 오갈 때 메주자에 손을 댄 후 손가락에 입을 맞추는 것이 관례다.

집에 들어갈 땐 '구별된 곳을 밟는다.'는 뜻으로 메주자에 손을 대고, 나갈 때도 '하나님께 바쳐진 집이 주님의 보호를 받게 해달라.'는 의미로 그렇게 한다(랍비 허쉬, 호렙, Yoreh Deah 285).

탈무드에서 문설주 상위 3분의 1쯤 되는 곳에 메주자를 다는 것은 'וּקְשַׁרְתָּם(우크샤르탐, 또한 너는 그것을 묶으라)'과 …… 'וּכְתַבְתָּם(우크타브탐, 또한 너는 그것을 쓸지어다)'에서 끄집어냈다. 즉, 트필린을 (팔위에서 머리끝을 향해) '높이(high up)' 묶듯이 메주자 기록도 문설주의 상위 3분의 1정도 높은 곳에 달아야 한다는 것이다.

오른편에 부착해야 한다는 것은 [ibid. 34a] בֵּיתֶךָ 베이테하(네 집)의 문설주'라는 기록에서 유추해낸 것으로 'בִּיאָתֶךָ(비아트하, 네가 들어갈 때)'을 — 오른편 — 암시하는 말로 옮겼기 때문이다. 집에 들어갈 땐 누구나 오른발을 먼저 내딛는다는 얘기다. 어느 랍비는 왕하 12:10[여호와의 전문 어귀 우편……]에서 이를 도출하기도 했다.

또한 '네' 집이 현 거주자를 가리키므로 메주자의 의무는 집주인이 아닌 세입자에게 있다고 규정한 해석도 있다.

라쉬는 마소라 본문과 일치하지 않는 초기 마드라쉬와, 본문의 'מְזֻזוֹת(므주조트)'에서 'ו, 바브'가 빠졌다는 점에 근거하여[민하트 셰이의 출 12:7을 참고] 'מְזֻזֹת[모음을 붙이지 않은 토라에서는 이를 단수인 מְזֻזַת(므주자트)로 발음할 수도 있다]'가 옳다고 했다.

따라서 문설주에 단 하나의 메주자만 붙이면 된다는 것이다. [므나호트 34a, Sifsei Chachomim, 및 Haksav V'Hakabalah를 비교]

메주자의 목적

메주자는 인간의 재산이 (은혜로 이를 베푸신) 하나님께 있음을 상징하므로 주신 이에게 감사하지 않는다면 이를 즐겨선 안 된다. 가장 소중한 재산으로 집을 꼽기에 하나님은 메주자를 여러 문설주에 붙이라고 명령하셨다. 그에 드나들 때마다 모든 재산이 하나님께 속하였고 세상 만물이 그분의 소유이므로 자신의 부를 자랑해서는 안 된다는 것을 깨달을 수 있도록 하신 것이다(이연 테필라Iyun Tefillah).

탈무드와 카발라 및 랍비 문헌을 보더라도 메주자의 거룩한 말씀이 집과 거주자를 악으로부터 보호한다는[8] 기록이 매우

---

[8] 탈무드[아보다 자라 11a]에서는 유대교로 개종한 로마 귀족 온켈로스의 일화를 소개했다. 친척인 로마 황제는 개종을 문제 삼아 군대를 동원, 그를 체포하려 했으나 온켈로스의 설득으로 군대마저 유대교로 개종하는 사건이 벌어지고 만다. 결국 황제는 "온켈로스와는 절대로 말을 섞지 말라."며 또 한 차례 군대를 파송했다.
황제의 계략은 성공하는 듯싶었다. 그러나 그들이 온켈로스와 함께 집밖을

많다. 그러나 아루흐 하슐한은 메주자가 집을 보호한다는 위력에 연연해서는 안 된다고 주장했다. 메주자 규정은 하나님의 뜻일 뿐 아니라 이를 행하는 자에게는 상급이 따르므로 순종해야 한다는 얘기다.

람반이 메주자의 법을 두고[6:13] 결론을 내렸듯이, 사람은 누구나 메주자의 교훈에 주의를 기울여야 한다. 모든 이를 구속하는 항구적인 의무이기 때문이다. 집을 드나들때마다 그는 거룩하신 하나님의 성호를 선포하는 것을 듣고 그분의 사랑을 깨닫게 될 것이다. 덧없는 허영심과 깊은 잠을 떨쳐버리고 우주의 반석(the Rock of the Universe)이신 하나님을 아는 지식이 아니면 영원한 것은 없다는 것도 아울러 발견할 것이다. 그제야 정신을 차리고 정의의 길을 걸을 수 있게 된다. 일찍이 랍비들은 [므나호트 33a] "머리와 팔에 트필린을

나오자 그는 문설주의 메주자를 응시했다. 그러고는 그에 손을 대며 입을 열기 시작했다. "한 가지 일러두고픈 말이 있네. 세상 임금은 방 안에 앉아있고 종은 밖에서 그를 호위하네만, 거룩하신 하나님은 종을 방 안에 들이시고 밖에서 [메주자를 통해] 그를 안위하신다네. 기록된 바, 여호와께서 너의 출입을 지금부터 영원까지 지키신다(시 121:8)고 했듯이 말일세." 이를 들은 로마 병정들도 유대교에 편승하자 황제는 더 이상 그를 체포하지 않았다.

두르고, 찌찌트를 착용하며, 문설주에 메주자를 두는 사람은 죄를 짓지 않을 것"이라고 가르쳤다. 생각나는 바가 많을 테니 말이다. 성경에 기록된 바와 같이 — "여호와의 천사가 주를 경외하는 자를 둘러 진 치고 그들을 건지시는도다(시 34:7)." — 천사가 범죄 현장에서 그를 구원할 것이다.

또한 'וּבִשְׁעָרֶיךָ(우비슈아레이하, 그리고 네 문에)'는 안마당이나 각 지방(provinces) 및 도시 입구에도 메주자를 두어야 한다는 의무로 확장·해석할 수 있다(라쉬, 요마 10a).

하멕 다바르는 '또한 네 문 (안)에'를 근거로 공공장소의 출입구에서는 메주자를 넣어둘 수 있도록 일부 영역을 파내는 것이 좋다고 주장했다. 메주자는 숨기는 편이 낫지만 눈에 띄는 면에 두는 것도 허용되며, 청결한 집이라면 메주자가 잘 보여야 하나 그렇지 못한 공공장소에서는 메주자를 숨기는 편이 낫다고 그는 덧붙였다.

슈마 본문 읽기 2
신명기 11:13-21

신명기 11:13-21

계명을 인정하다

계명을 지키면 상급이, 죄를 지으면 심판이 있다는 1부의 내용을 재차 언급하고 있다.

미쉬나[버라호트 13a]는 "שְׁמַע(슈마)가 기록되고 난 후 שָׁמֹעַ וְהָיָה אִם(버하야 임 샤모아)가 등장하는 까닭은 무엇인가?"라는 의문을 두고, 먼저 [유일하신 하나님을 선포함으로써] עוֹל מַלְכוּת שָׁמַיִם(올 말후트 샤마임, 하나님의 절대 주권)을 인정한 후 [내 계명을 부지런히 경청함으로써] עוֹל הַמִּצְוֹת(올 하미쯔보트, 계명의 멍에)를 져야 마땅하다고 기록했다.

2부에서는 마치 백성이 행하는 계명에 주안점을 둔 것처럼 대부분 복수형을 썼다. 랍비들은 [Yalkut Beha'alosecha] "개인과 공동체의 행위를 비교해서는 안 된다."고 주장했다. [라쉬의 13절 주석 참조]

성경 본문

모세는 본 메시지의 앞 절[신 11:10]에서도 이스라엘 백성과 작별을 고하며 그들이 불순종하지 않도록 하나님의 계명을 청종하라고 권했다. 라쉬와 람반에 따르면, 모세는 백성이 곧 들어갈 가나안땅이 이집트와는 전혀 다르다고 이야기했다고 한다. 이를테면, 이집트는 나일강의 범람으로 용수 공급에 문제가 없었던 반면, 가나안은 강수에 따라 토지 생산량이 결정됐기 때문이다. 하지만 그는 하나님의 특별한 관심이 이스라엘을 가나안까지 인도했으므로 토라에 순종해야만 하나님께서 비를 주실 것으로 믿었다.

(신명기 11:13-21)

אֲשֶׁר אָנֹכִי מְצַוֶּה אֶתְכֶם הַיּוֹם לְאַהֲבָה אֶת־יהוה
13 וְהָיָה אִם־שָׁמֹעַ תִּשְׁמְעוּ אֶל־מִצְוֹתַי
וּבְכָל־נַפְשְׁכֶם: וְנָתַתִּי מְטַר־אַרְצְכֶם בְּעִתּוֹ יוֹרֶה
14 אֱלֹהֵיכֶם וּלְעָבְדוֹ בְּכָל־לְבַבְכֶם
וְתִירֹשְׁךָ וְיִצְהָרֶךָ: וְנָתַתִּי עֵשֶׂב בְּשָׂדְךָ לִבְהֶמְתֶּךָ וְאָכַלְתָּ
15 וּמַלְקוֹשׁ וְאָסַפְתָּ דְגָנֶךָ
לְבַבְכֶם וְסַרְתֶּם וַעֲבַדְתֶּם אֱלֹהִים אֲחֵרִים וְהִשְׁתַּחֲוִיתֶם
16 וְשָׂבָעְתָּ: הִשָּׁמְרוּ לָכֶם פֶּן יִפְתֶּה
וְעָצַר אֶת־הַשָּׁמַיִם וְלֹא־יִהְיֶה מָטָר וְהָאֲדָמָה לֹא תִתֵּן
17 לָהֶם: וְחָרָה אַף־יהוה בָּכֶם
מֵעַל הָאָרֶץ הַטֹּבָה אֲשֶׁר יהוה נֹתֵן לָכֶם: וְשַׂמְתֶּם אֶת־
18 אֶת־יְבוּלָהּ וַאֲבַדְתֶּם מְהֵרָה
וּקְשַׁרְתֶּם אֹתָם לְאוֹת עַל־יֶדְכֶם וְהָיוּ לְטוֹטָפֹת
דְּבָרַי אֵלֶּה עַל־לְבַבְכֶם וְעַל־נַפְשְׁכֶם
אֶת־בְּנֵיכֶם לְדַבֵּר בָּם בְּשִׁבְתְּךָ בְּבֵיתֶךָ וּבְלֶכְתְּךָ בַדֶּרֶךְ
19 בֵּין עֵינֵיכֶם: וְלִמַּדְתֶּם אֹתָם
עַל־מְזוּזוֹת בֵּיתֶךָ וּבִשְׁעָרֶיךָ: לְמַעַן יִרְבּוּ יְמֵיכֶם וִימֵי

20-21 וּבְשָׁכְבְּךָ וּבְקוּמֶךָ: וּכְתַבְתָּם
יהוה לַאֲבֹתֵיכֶם לָתֵת לָהֶם כִּימֵי הַשָּׁמַיִם עַל־הָאָרֶץ:
בְּנֵיכֶם עַל הָאֲדָמָה אֲשֶׁר נִשְׁבַּע

13 내가 오늘 너희에게 명하는 내 명령을 너희가 만일 청종하고 너희의 하나님 여호와를 사랑하여 마음을 다하고 뜻을 다하여 섬기면

14 여호와께서 너희의 땅에 이른 비, 늦은 비를 적당한 때에 내리시리니 너희가 곡식과 포도주와 기름을 얻을 것이요

15 또 가축을 위하여 들에 풀이 나게 하시리니 네가 먹고 만족할 것이라

16 너희는 스스로 삼가라 두렵건대 마음에 미혹하여 돌이켜 다른 신들을 섬기며 그것에게 절하므로

17 여호와께서 너희에게 진노하사 하늘을 닫아 비를 내리지 아니하여 땅이 소산을 내지 않게 하시므로 너희가 여호와께서 주신 아름다운 땅에서 속히 멸망할까 하노라

18 이러므로 너희는 나의 이 말을 너희의 마음과 뜻에 두고 또 그것을 너희의 손목에 매어 기호를 삼고 너희 미간에 붙여 표를 삼으며

19 또 그것을 너희의 자녀에게 가르치며 집에 앉아 있을 때에든지,

길을 갈 때에든지, 누워 있을 때에든지, 일어날 때에든지 이 말씀을 강론하고

20 또 네 집 문설주와 바깥문에 기록하라

21 그리하면 여호와께서 너희 조상들에게 주리라고 맹세하신 땅에서 너희의 날과 너희의 자녀의 날이 많아서 하늘이 땅을 덮는 날과 같으리라

〈본문〉

13. וְהָיָה(버하야) — 또한 그것이 있을 것이다

앞 절[신 11:1~12]에서 이스라엘은 '강수를 마시는' [ibid. 11절] 가나안땅에서 번영할 거라는 약속을 받았다. 라쉬는 이를 두고 그들의 행위에 따라 좌우될 수 있는 조건이라고 기술했다. 'וְהָיָה(버하야, 또한 그것이 있을 것이다)[13절]'는 비를 원한다면 하나님을 의지해야 하므로 앞으로의 축복은 하나님의 계명을 청종해야만 성취된다는 — וְהָיָה(버하야, 또한 그것이 있을 것이다) — 것을 암시한다. [14절] "그래야 내가 너희 땅에 비를 내릴 것이기 때문이다."

אִםשָׁמֹעַ תִּשְׁמְעוּ אֶל־מִצְוֺתַי(임 샤모아 티슈므우 엘 미쯔보타이)
— 만일 내 계명을 꾸준히 청종하면

직역하면, "청종한다면 청종할 것이다." 동사를 강조할 때 쓰는 방식이다. 모세는 하나님의 이름으로 말하고 있다.

여기서 부정사는 '영속적인 순종(continuity in observance)'을 뜻한다. 즉, 이미 연구한 것에 매진한다면 새로운 주제를 두고도 그럴 거라는 얘기다. 므암 로에즈Me'am Loez는 앞서 배운 지식을 숙달하려고 노력하여 이해력이 향상되면 지식을 좀 더 넓히려고 안간힘을 쓸 거라고 이야기했다. 계명을 청종하는 것도 그와 별반 다르지 않으므로, 의식적으로 계명을 따른다면 더욱 새롭고 원대한 지경에 이르려고 노력할 것이다. 따라서 'אִם־שָׁכֹחַ תִּשְׁכַּח(임 샤호흐 티슈카흐, 계속 잊는다면[신 8:19])'는 잊기 시작하면 결국엔 몽땅 지워버리게 된다는 뜻이다. 므길라트 세타림(Megillas Setarim)의 단락과[판본에 따라 '므길라 안(in the Megillah)'이나 '므길라트 하시딤'으로 읽기도 하나 정확히는 알려지지 않았다] '하루 동안 나 여호와를 버리면 나는 너를 이틀간 버릴 것이다(라쉬).'를 비교하라.

슈마 본문 읽기 2 · 신명기 11:13-21

여루살미 버라호트 9:5는 이를 두고 다음과 같이 언급했다. '두 사람이 헤어진다면(하나는 동쪽으로 상대방은 서쪽으로 간다면) 하루가 다 간 후, 둘 간의 격차는 이틀길이 될 것이다. 따라서 본문은 계명을 꾸준히 청종하라고 명한다. 잠시라도 이를 소홀히 여기면 엄청난 격차가 벌어지기 때문이다'

אֲשֶׁר אָנֹכִי מְצַוֶּה אֶתְכֶם (아쉐르 아노히 므짜베 에트헴) — 내가 네가 명령하는

이성 때문이 아니라 내 명령이라는 이유만으로 계명을 지켜야 한다. 즉, 계명은 하나님의 섭리를 대변하므로 반드시 지켜야 한다는 얘기다(므암 로에즈).

הַיּוֹם (하욤) — 오늘

바꾸어 말하면, 오늘 명령한 것처럼……. 토라는 수천 년 전에 기록되었지만 오늘만 들을 수 있는 교훈처럼 열정을 다해 지켜야 한다. 계명은 모름지기 오늘 처음 들은 것처럼 '신선해야' 한다(라쉬, 시프레).

또한 오늘만 계명을 지킬 수 있으며 내일은 기회가 없을지

모른다는 각오를 가져야 한다. 내일까지 살 수 있다고 장담할 수가 없으니 계명은 오늘 준행하라(디브레이 슐로모).[1]

לְאַהֲבָה אֶת־יהוה אֱלֹהֵיכֶם (러아하바 에트 하쉐임 엘로헤이헴)
― 네 하나님 여호와를 사랑하면

계명을 지키는 데 이해득실이나 지위 등 '꿍꿍이'가 있어서는 안 된다. 하나님을 사랑하는 마음으로 지킨다면 영광이

---

[1] 본 단락에 추가하여, 토라를 준행한 횟수보다는 그에 들인 역량이 상급을 결정한다는 해석도 있다. 재능을 최대한 발휘하여 토라를 지키는 사람이 있는가 하면 거의 힘을 들이지 않고도 많은 공로를 쌓을 수 있는 '천재'들도 있다. 하지만 상급은 전자에게 더 많이 돌아갈 것이다. 계명 전부를 지킬 수 없다는 데 주눅이 들 필요는 없으며 토라를 다 이해하려는 욕심은 버리는 편이 낫다. 랍비들의 가르침에 따르면[피르케이 아보트 2:21] 일상의 노력에서 상이 비롯된다고 하니 말이다. "네 스스로 일을 성취할 수는 없으며 이를 단념할 자유도 네겐 없다." 하나님께서 성취되기를 바라시는 선(the good)은 개인이 이룩할 몫이 아니다. "내가 할 수 있는 일이라곤 거의 없다."며 멍하니 앉아있을 자격은 아무도 없다. 아무리 발버둥 쳐봐야 되는 일이 거의 없더라도 풍성한 상급을 받을 수 있다는 얘기다. 맡겨진 일에 최선을 다해 기여했으니 말이다.

그럼 미드라쉬에 소개된 우화를 읽어보자. 어느 행인이 일용직 근로자들과 함께 큰 우물을 '물'로 메우는 일을 맡게 되었다(무익한 일). 어리석은 사람들은 "해봐야 아무 소용이 없는 일을 내가 어떻게 한단 말인가!"라며 푸념을 늘어놓았다. 그러나 지혜로운 사람들은 "이것 보게, 일당을 준다는데 뭐가 불만인가? 우물 깊이를 보아하니 정말 끝이 없군 그래. 한동안은 일이 보장될 듯하니 얼마나 감사한가!"
하나님께서 우리에게 하신 말씀도 그와 비슷하다. "매일 계명을 연구하고 지킨다면 그에 따라 상급을 하사하겠노라! 네 능력 밖의 일로는 너를 책망치 않을 것이다!"

그에게 임할 것이다(라쉬).

וּלְעָבְדוֹ בְּכָל־לְבַבְכֶם וּבְכָל־נַפְשְׁכֶם (울러아브도 버콜 러바브헴 우버콜 나프슈헴) — 또한 마음과 영혼을 다하여 그를 섬기면

'마음(heart)'을 다하여 하나님을 '섬기라(serve)'는 명령인데, '섬긴다'는 말은 주로 행위를 암시한다. 그렇다면 '마음의 섬김(service of the heart)'이란 도대체 무엇일까? 마음을 다해 섬긴다는 것은 '기도'를 일컫는다(타니스 29, 라쉬). 힐호트 트필라(Hilchos Tefillah) 1:1(케세프 미쉬나 참고)와 세마그, 아신 § 19(Semag, Asin § 19)에서 람밤은 본문으로부터 "매일 기도로 하나님을 섬겨야 한다."는 의무를 끄집어냈다고 밝혔다.

기도할 땐 모든 정신을 하나님께 몰입해야하며 잡생각은 조금도 허용해서는 안 된다. 랍비들은 "집중하지 않는 기도는 כַּוָּנָה, 카바나: 집중] 영혼이 없는 육체와 같다."고 주장했다. (호보트 할레바보트 샤아르 하네페쉬 3Chovos Halevavos Shaar HaNefesh 3)

'네 마음과 영혼을 다하여'는 1부에서 이미 언급했던 구절인데 여기서 재차 기록한 까닭은 무엇일까? 1부가 백성 개개인에게 하신 구절이라면 [슈마 1부는 단수형으로 쓰였다] 여기서는 [복수형인지라] 공동체가 대상인 말씀이기 때문이다(라쉬).

마스킬 르다비드는 개인과 공동체를 구별한 라쉬의 해명을 두고는, 그가 '재력을 다하여(with all your resources)'가 1부에서는 언급됐으나 여기서는 누락된 경위를 밝히려는 의도로 보인다고 주장했다. 1부의 **וּבְכָל־מְאֹדֶךָ**(우버콜 므오데하)'에서 라쉬는 '모든 재력을 다해 하나님을 사랑하라.'는 규정을 두고 재물을 생명보다 귀하게 여기는 사람들이 있는 탓에 그것이 의무가 된 것이라고 밝혔다. [81-82면 참고] 그러나 공동체의 존속보다 재물에 가치를 두지 않는 공동체에 이를 적용하기란 다소 어폐가 있다.2)

---

2) 히두쉐이 하림(Chiddushei HaRim)의 제자가 공금을 횡령한 사실이 드러나자 스승은 그를 '살인자(murderer)'로 몰아세우면서까지 심하게 타박했다. 이를 지켜보던, 스승의 친구가 절도죄를 저지른 제자를 살인자로 취급하는 까닭을 묻자 그는 이렇게 대답했다. "슈마 2부에 **מְאֹד**(므오드, 재물)'가 누락된 이유는 그것이 공동체를 대상으로 기록되었고 '네 영혼을 다해'에 공적재원이 이미 포함돼있기 때문이라네. 공금이란 모름지기 자선기금을 모으고, 생명을 살리며, 고아와 과부를 돕는 데 써야 마땅하네. 따라서 이를 함부로 쓴 자는 살인을 한 것과 다를 바가 없네."

'모든 재력을 다해'가 개인에게만 언급된 또 다른 까닭은 1부에서 확인할 수 있다.

그러나 랍비 허쉬는 '모든 재물을 다해'가 문맥상 וּלְעָבְדוֹ (울러아브도, 또한 그를 섬기면)'에 함축돼있으므로 이를 굳이 쓸 필요는 없다고 주장했다. 하나님을 섬기려면 열심을 비롯하여, 하나님의 뜻을 성취할 수단을 아끼지 말아야 한다. 혹시라도 재력이 빠진다면 하나님을 섬기는 데 많은 제약이 따르게 분명하다. '마음'과 '영혼'은 하나님을 섬기는 방법을 — 열심을 다해, 즐겁게, 거리낌이 없이 — 일컫는다.

14. 순종에 따른 상급

"네게 맡겨진 것을 준행하면 나도 마음먹은 대로 [네 충성에 보답]할 것이다." (시프레, 라쉬) ······

1부에서와 마찬가지로 모세는 1인칭으로 서술하고 있다. 하나님을 대신하여 말씀을 전하는 것으로 보인다.

וְנָתַתִּי מְטַר־אַרְצְכֶם בְּעִתּוֹ (버나타티 므타르 아르쯔헴 버이토)
— 그러면 내가 너희의 땅에 비를 적당한 때에 내릴 것이다

가나안은 빗물을 마시는 땅으로 묘사되고 있다. [라쉬, 13절]

비를 내리는 축복이 단연 1순위이다. 건강과 풍성한 작황 및 토실한 가축은 모두 적절한 때에 내리는 강수가 결정하기 때문이다. (레 26:4, 람밤)

"그러면 내가 공급할 것이다."는 "내가[하나님] 이 축복을 — 천사나 사자를 동원하지 않고 — 직접 안겨줄 것이다."로 바꿀 수 있다(시프레).

적절한 강우는 하나님의 직접적인 섭리이자 기상현상의 결과이기도 하다. 자연의 법칙 역시 하나님의 창조물이나 비가 내리는 주요 원인은 하나님의 관심이다(랍비 허쉬).

라쉬는 시프레의 말을 인용하며 '적절한 때'는 편리한 때를 일컫는다고 했다. 이를테면, 집에 있을 저녁시간에는 (특히 안식일 저녁) 비가 내려도 불편할 일이 없을 것이다. [이 맥락에서 수요일 저녁도 언급한 타니스 23a을 참고하라. 미즈라히Mizrachi 비교]

라쉬는 '적절한 때'를 두고 가장 좋은 농사철이라고 해석했다. 즉, 강수의 덕을 톡톡히 볼 수 있는 시기라는 얘긴데, 이는 '내가 너희의 땅에 비를 적당한 때에 내릴 것'이라는 약속에 내포되어 있다. 제 시기가 아닌 때에 비가 내려봤자 이를 축복이라고 보긴 어렵기 때문이다. 따라서 '적절한 때'는 라쉬가 미드라쉬(미즈라히)에서 유추해낸 바와 일맥상통한다.

'비'를 뜻하는 히브리어 מָטָר(마타르)는 하나님의 선물이자 호의를 상징한다. 반면, 지면에서 상승한 수증기로 형성되는 '자연의' 비는 'גֶשֶׁם(게쉠)'이라고 하는데, 무시로 내리므로 적절한 때에 내리지 않을 수도 있다(말빔, 창 2:5).

יוֹרֶה וּמַלְקוֹשׁ(요레 우말코쉬)—이른 비와 늦은 비

이른 비(יוֹרֶה, 요레)는 파종할 무렵[헤쉬반, 10~11월]에 내려 땅을 적시는[מַרְוֶה(마르베)] 비를 가리키며 מַלְקוֹשׁ(말코쉬, 늦은 비)는 [לקשׁ(라카쉬)에서 파생된 것으로 '늦다,' '지연되다'의 뜻이다(온켈로스, 창 30:42 참고)] 곡식이 무르익는 수확철 전에 내리는 비를 일컫는다[니산, 3~4월](라쉬, 타니스 6a).

탈무드는 '이른 비(יוֹרֶה, 요레)'의 이름을 두고 또 다른 해석을 기록했다(타니스 6a). 즉, 이른 비는 [겨울이 임박했음을

알림으로써 사람들에게 기와를 잇고 열매를 모아두는 등, 겨울을 대비하라고 가르쳐준다[יָרָה(야라, 가르치다)]는 것이다.

한편, 이븐 에즈라는 יוֹרֶה(요레)가 이른 비를 일컫는 까닭에 대해 그 시기에 내리는 비가 상서로운 한 해의 전조가 되기 때문이라고 이야기했다.

시프레에 따르면, יוֹרֶה(요레)는 יָרָה(야라, 화살)에서 파생되었으며 마치 화살처럼 지면을 꿰뚫듯 쏟아지는 탓에 붙여진 이름이라고 한다.

가나안의 작황은 이른 비에 따라 달라졌다. 헤쉬반에 비가 충분히 내리지 않으면 사람들은 으레 하나님의 심기가 불편하여 자연재해가 불가피할 거라고 여겼다. 때문에 가뭄은 — 타니스 6a, 15a에 기록된 바와 같이 — 강도 높은 공동금식[תַּעֲנִת צִבּוּר(타아니트 짜부르)]으로 이어졌다[ArtScroll Mishnah의 야드 아브라함 주석을 참고할 것].

וְאָסַפְתָּ דְגָנֶךָ וְתִירֹשְׁךָ וְיִצְהָרֶךָ(버아사프타 드가네하 버티로슈하 버이쯔하레하) — 너의 곡식과 포도주 및 기름을 얻을 것이요

'וְאָסַפְתָּ(버아사프타)'를 강조하여 '적이 아닌 네가' 곡식을

얻을 것이라고 읽어야 한다(라쉬).

— 이것과 다음 절을 2인칭 단수로 기록한 것으로 미루어 유대인 각자가 하나님의 말씀을 준행한 대가로 상급을 얻으리라는 점을 강조했음을 알 수 있다(랍비 바히야).

תִּירֹשׁ(티로쉬)를 '포도주(wine)'으로 옮긴 것은 온켈로스의 해석에서 비롯되었다. 토라에서는 יַיִן(야인)과 תִּירֹשׁ(티로쉬)가 동의어로 쓰였으나 탈무드는 대개 תִּירֹשׁ(티로쉬)와 יַיִן(야인)을 구별해서 쓴다고 밝혔다. 전자는 좀 더 달콤하고 발효가 덜 됐으나 후자는 숙성된 포도주를 일컫는다(느다림 76b, 라쉬 참조). 그러나 תִּירֹשׁ(티로쉬)도 많이 마시면 취하게 마련이다(산헤드린 70b).

יִצְהָר(이쯔하르, 기본형은 צהר[짜하르], 빛) 등유로 쓰이는 순수한 올리브유를 가리킨다(에쯔 요세프).

마지막에 언급하겠지만, 슈마는 십계명(the Ten Commandments)과도 관계가 깊다. 예루샬미 버라호트 1:5는 본문이 계명과 대응되는 구절을 지적했다. 예를 들어, '도적질하지 말라'는 'וְאָסַפְתָּ דְגָנֶךָ(버아사프타 드가네하)' '이웃의 곡식이 아닌 **네 것을** 얻을 것이다.'와 호응한다.

오즈나임 라토라(Oznaim LaTorah)는 그 때문에 본 구절이 단수로 쓰였다고 해석했다. 즉, 복수로 쓰였다면 본문에서 '도적질하지 말라.'는 대등한 해석을 끄집어내지 못했을 거란 얘기다.

아하리트 샬롬(Acharis Shalom)는 "작물을 매우 풍성히 거두어 이스라엘 민족 각자가 이를 모으느라 여념이 없을 거라는 사실을 암시하려고" 본문을 단수로 썼다고 주장했다.[3]

---

[3] 버라호트 35b에서 랍비 이스마엘은 이 구절을 두고 "유대인이 토라 연구에 몰두해야 할 의무가 있다고 해서 생계를 해결하는 데 기적을 의존해서는 안 된다."는 점을 뜻한다고 이해했다. 즉, '너의 곡식을 얻을 것이다'는 생업을 이어가란 말과 같다는 것이다. 그러나 랍비 시몬 바르 요하이(Shimon bar Yochai)는 그에 동의하지 않았다. "쟁기질과 파종을 하고, 수확하며, 도리깨질과 키질까지 해야 한다면 토라는 언제 연구할 수 있겠는가? 유대인들이 완벽히 의롭다면 하나님께서는 제3자를 통해 필요는 채우실 것이나 그렇지 못하다면 [Tos. s.v. כאן] 생계를 이어갈 수 없을 걸세."
결국 랍비 시몬의 말마따나 기적에 의존하려는 사람들이 곤궁한 삶을 산다는 것이 드러나자, 마하르샤(Maharsha)는 "랍비 시몬은 매우 의로운 사람들에 주안점을 두고 가르쳤지만, 그런 사람들에게는 하나님을 섬기는 데 총력을 기울이는 것이 더 중요할 것"이라고 지적했다.
그럼에도 할라하(람밤, Hil. 탈무드 토라 3:6~7, Yoreh De'ah 241:1)는 토라 연구를 최우선으로 여겨야 한다고 규정했다.

15. וְנָתַתִּי עֵשֶׂב בְּשָׂדְךָ לִבְהֶמְתֶּךָ(버나타티 에이세브 버사드하 리브헴테하) — 또 가축을 위하여 들에 풀이 나게 할 것이다

소유한 땅(fields)에 방목할 곳이 있으니 굳이 가축을 멀리 끌고 가서 풀을 뜯길 필요가 없다는 축복의 말씀이다(시프레를 인용한 라쉬).

라쉬가 기록한 또 다른 주석에 따르면, 본문의 '풀'은 매우 잘 자라므로 우기에는 가축의 사료를 마음껏 베고도 모자라지 않으며, 수확하기 전 30일만이라도 이를 중단하면 마치 애초부터 베지 않은 듯 작물이 풍성해질 것이라고 했다.

וְאָכַלְתָּ וְשָׂבָעְתָּ(버오할타 버사바으타) — 네가 먹고 만족할 것이라

전 구절에 기록된 곡식과 포도주 및 기름을 일컫는다(이븐 에즈라).

이는 또 다른 축복으로 가축을 먹일 풀을 주신 결과라기보다는 인류에게 직접 하신 말씀으로 이해해야 한다. 복이 뱃속에 있는 음식에 임하여 그가 만족을 느낀다는 것이다(라쉬).

라쉬는 레위기 25:19와 26:35에 대해 "여기서 축복이란 배가 부를 만큼 많이 먹는다는 뜻이 아니라 식탁에 놓인 음식 그 자체로 만족을 느끼는 것을 두고 한 말이다. 복이 음식에 있으니 말이다"(람반 참고).

람반은 본 구절이 앞 절을 고쳐 쓴 것이라고 풀이했다. "곡식과 포도주 및 기름뿐만 아니라 가축의 새끼도 먹고 만족할 것이라. 내가 풀을 공급할 테니까."

랍비들은 가축의 방초가 먼저 기록된 후에 "네가 먹고 만족한다고" 적힌 본문을 두고 동물을 먼저 먹이고 난 후에 식사를 해야 한다고 지적했다. 그러나 할라하는 음료를 제외한 먹거리에만 그것이 적용된다고 했다. 창세기 24:14에서 리브가가 엘리에셀에게 먼저 물을 먹인 후에 낙타를 먹였기 때문이다(마겐 아브라함, 슐한 아루흐 O. Ch 167:18. ArtScroll 베레쉬트 ad loc. p. 911 참고. 하가온 랍비 모쉐 페인스테인, 이그로스 모세, 오라흐 하임 II, responsa 52).

16 토라 위반을 경고함

하나님은 신명기 8:11에서 '먹고 만족할 것이라'고 말씀하신 후 "조심하라(Beware)!"고 경고하셨다. 포만감은 '하나님 망각증'을 낳기 십상이다. 호황(prosperity)은 경건을 가로막는 걸림돌이기 때문이다.

הִשָּׁמְרוּ לָכֶם פֶּן יִפְתֶּה לְבַבְכֶם (히샤므루 라헴 펜 이프테 러바브헴) — 네 마음이 미혹되지 않도록 조심하라

먹고 마시며 배를 채울 때 하나님을 거역하지 않도록 조심해야 한다. 신 8:12~13에서 언급했듯이, 호황을 누리고 있다면 특히 불순종을 경계해야 하기 때문이다(라쉬).

"네가 먹어서 배불리고 아름다운 집을 짓고 거하게 되며, 또 네 우양이 번성하며 네 은금이 증식되며 네 소유가 다 풍부하게 될 때에, 두렵건대 네 마음이 교만하여 네 하나님 여호와를 잊어버릴까 하노라(신 8:12~13)."

신명기 32:15도 — "וַיִּשְׁמַן יְשֻׁרוּן וַיִּבְעָט (바이슈만 여슈룬

바이브아트)여수룬이 살찌매 발로 찼도다." — 아울러 비교해보라(도베르 샬롬).

이븐 카스피(Ibn Caspi)는 이를 "마음이 미혹되어 네가 누리는 축복을 이방신의 공로로 치부하지 않도록 조심하라."고 해석했다.

그런데 히즈쿠니는 동사를 '미혹하다'로 옮기지 않았다. 본문의 문맥을 감안하면 재귀형 יפתם(여푸템)이 옳으며, 이는 동족어 פתי(파타이, 우둔함)에서 비롯되었으므로 '마음이 우둔해지지 않도록'으로 옮겨야 한다는 것이다.

וְסַרְתֶּם וַעֲבַדְתֶּם אֱלֹהִים אֲחֵרִים וְהִשְׁתַּחֲוִיתֶם לָהֶם(버사르템 바아바드템 엘로힘 아헤림 버히슈타하비템 라헴) — 또한 네가 돌이켜 다른 신들을 섬기며 그들에게 절하므로

라쉬는 '네가 (토라에서) 돌이켜 다른 신들을 섬기며 그들에게 절한다'는 말씀을 근거로 토라 연구를 게을리 하면 결국 우상의 길에 서게 될 거라고 주장했다.

'אֱלֹהִים אֲחֵרִים(엘로힘 아헤림)'은 '다른 신들'이란 뜻으로

능력이 있는 신이 또 존재한다는 것이 아니라 제3자(이방인)의 신을 일컫는다. 그들은 신이 아닌 것을 신처럼 숭배한다. 즉, 숭배자들과는 거리가 먼 '다른(other)' 신을 말이다. 아무리 기도해도 별다른 이렇다 할 반응이 없기 때문이다(라쉬와 출 20:3 참고).

17. וְחָרָה אַף־יהוה בָּכֶם(버하라 아프 하쉐임 바헴) — 여호와께서 너희에게 진노하사

חָרָה אַף(하라 아프)'는 분한 모습이 겉으로 드러날 때 쓰는 말이다. 관용적으로 쓰이는 이 표현은 '코가 붉게 달아올랐다'는 것을 빗댄 어구이기도 하다. 라쉬는 출 15:8을 설명하면서 분노가 치밀어 오를 때 '하라 아프'를 쓴다고 밝혔다. 화가 나면 코가 붉어지면서 열이 나기 때문이다. 반대로, 분이 가라앉을 땐 נִתְקָרְרָה דַעְתּוֹ(니트카르라 다아토, 그의 마음이 식었다)'라고 말한다.

물론 하나님은 영적인(육체가 없으신) 분이므로 이를 글자대로 이해해서는 안 될 것이다. 인간의 신체·감정적 특성을 하나님께 그대로 적용한 것을 가리켜 각각 '신인동형론

(anthropomorphism)'과 '신인동정론(anthropopathism)'이라고 한다. 토라는 인간의 언어로그의 관점에서 '감정'을 비유적으로 표현했다.

וְעָצַר אֶת־הַשָּׁמַיִם וְלֹא־יִהְיֶה מָטָר(버아짜르 에트 하샤마임 벌로 이흐예 마타르) — 하늘을 닫아 비를 내리지 아니하여

앞서 언급했듯이, 비도 하나님의 선물이므로 주께서 분노하시면 비가 내릴 리 없다.

우상을 언급한 후에 기록됐으므로 우상 숭배의 결과가 가뭄이라는 것을 추론할 수 있다(예루샬미, 타니스 3:3).

וְהָאֲדָמָה לֹא תִתֵּן אֶת־יְבוּלָהּ(버하아다마 로 티테인 에트 여불라흐) — 땅이 소산을 내지 않게 하시므로

땅에 뿌린 것도[원형 יבל(야발)에서 파생된 동족동사(cognate verb) מוֹבִיל(모빌)] 결실을 맺지 못할 것이다. 즉, 파종량과 수확량이 같지 않다는 뜻이다(학개 1:6을 참고하라, 라쉬).

라쉬는 "땅은 그 산물(יְבוּלָהּ[여불라흐])을 내지 아니하고(레위기 26:20)"를 "파종기에 네가 뿌린(מוֹבִיל[모빌]) 것조차도"

라고 해석했다.

וַאֲבַדְתֶּם מְהֵרָה מֵעַל הָאָרֶץ הַטֹּבָה(바아바드템 머헤이라 메이알 하아레쯔 하토바) — 너희가 아름다운 땅에서 속히 추방될까 하노라

먼저 기근이 찾아올 것인데 그럼에도 죄를 뉘우치지 않으면 추방될 것이다(빌나 가온). 기본형 'אבד(아바드)'에서 파생된 'וַאֲבַדְתֶּם(버아바드템)'은 대개 '죽다(perish)'로 옮긴다. 그러나 라쉬는 시프레의 입장에 따라 "문맥상 죽음은 어울리지 않는다. 가뭄이 들어 기근이 찾아왔다고 죽는다는 법은 없다."고 지적했다. אבד(아바드)가 '죽음 혹은 멸망'의 뉘앙스가 있다면 본문은 מֵעַל(메이알)'이 아니라 הָאָרֶץ עַל וַאֲבַדְתֶּם(바아바드템 알 하아레쯔)'라고 읽었어야 했다(토라테미마) 대신 이 구절은 추가된 하나님의 심판(추방)을 가리킨다. 게다가 아름다운 땅을 언급한 것으로 미루어 우상숭배가 풍성한 산물(abundance of good)의 결과임을 알 수 있다. 그들은 기근을 염려할 필요가 없을 거라고 생각했으리라. 그러나 하나님에 대한 의식을 흐리게 하는 '호황'이 되레 재앙을 가져다줄

거라고 한다. 라쉬가 밝혔듯이, 아름다운 땅이 포만감을 느끼게 하여 결국 '하나님 망각증'을 낳을 거라는 얘기다. 히즈쿠니와 라닥도 본문을 추방과 관련하여 해석했다(이사야 27:13에서는 'הָאֹבְדִים[하오브딤]'이 '추방'으로 쓰였다).

그러나 스포르노는 וַאֲבַדְתֶּם(바아바드템)을 '네가 죽을 것이다.'라고 해석해야 한다는 데 동의했다. 이는 앞에서 기근이 언급됐기 때문인데, 칼에 죽는 것보다 더 끔찍한 기근을 두고 하는 말일 것이다.

מְהֵרָה(머헤이라, 속히)의 의미는 유예기간(probationary period)이 없다는 말이다. 그렇다면 "홍수 시대에는 120년의 유예기간 후에 세상이 멸망하지 않았는가?"라며 반문할지도 모르겠다[창 6:4, 라쉬]. "그땐 가르쳐줄 사람이 없었지만 지금은 있다(라쉬, 시프레)."가 답이다.

אֲשֶׁר יהוה נֹתֵן לָכֶם(아쉐르 하쉐임 노테인 라헴)—여호와께서 너희들에게 주신(주실)

아직 가나안에 입성하지 않았음에도 모세는 현재시제를 쓰고 있다. 하나님의 확신은 역사 못지않게 사실적이다.

18. 트필린, 토라 연구 및 메주자 / 가나안 정착 이후의 계명

וְשַׂמְתֶּם אֶת־דְּבָרַי אֵלֶּה עַל־לְבַבְכֶם וְעַל־נַפְשְׁכֶם (버삼템 에트 드바라이 엘레 알 러바브헴 버알 나프슈헴) — 나의 이 말(복수)을 너희의 마음과 영혼에 두고

문맥을 감안해볼 때 가나안에서 추방될지도 모른다는 경고 후에 트필린과 메주자 규정이 재차 기록된 경위는 분명치가 않다. 라쉬는 — 시프레의 입장과 같이 [람밤의 말마따나, 아래 참조] — '설령 추방되더라도 토라를 준행해야 한다.'는 것을 강조하는 대목이라고 해석했다[가나안에서만 지키면 그만이라고 생각하면 곤란하다는 얘기다].

또한 그는 '나의 이 말을 ······에 두고'에 대해 "고국을 떠나더라도 내 법도를 따라 트필린을 두르고 문설주에 메주자를 부착함으로써 이방 민족들과는 구별된 삶을 살아야 한다. 그러면 가나안에 다시 돌아오더라도 적응이 어렵지 않을 것"이라고 재해석했다(랍비 바히야, 아래 람반 참고). 예레미야 31:21과 같이 [예레미야 선지자가 곧 바벨론에 끌려갈 이스라엘 백성에게 예언] "······ 너를 위하여 표목을 만들고, 대로 곧

네가 전에 가던 길에 착념하라. ……" 즉, 바벨론에 끌려가더라도 계명을 지킴으로써 이방민족과 구별돼야 한다는 것이다.

따라서 람반은 라쉬가 인용한 미드라쉬의 주석을 근거로 바벨론 유수라는 시대적 상황에 재차 언급된 트필린과 토라 연구 및 메주자 계명 등은, 본토에서만 חוֹבַת קַרְקַע(호바트 카르카)] 적용되는 계명과는 달리 '개인적인 의무חוֹבַת הַגּוּף (호바트 하구프)'라고 밝혔다. 개인적인 의무는 지역에 관계없이 구속력이 있으므로 포로기간에도 마땅히 지켜야 하는 반면, 거제나 십일조 등 이스라엘에서만 적용되는 계명은 면제되었다[이스라엘에서 준행하는 계명에 대해 람반이 해명한 주석을(레위기 18:28) 참조하고, ArtScroll 창세기의 레흐-레하(Lech-Lecha) 개요도 — 랍비 노손 셰르만 — 아울러 참고할 것].

그러나 본문을 두고 미드라쉬의 해석을 따르지 않는 (이븐 에즈라 등) 일부 학자들은 이 구절을 '추방(Exile)' 시기에 준행할 계명으로 여기지 않고, 이스라엘이 앞 절에서 암시한 재앙을 피하는 법을 설명한 것으로 이해했다. 그들은 본문을 "나의 이 말을 두라 ……(그러면 타지로 흩어지는 일은 없을 것이며) 네 땅에 사는 날이 길 것이다(21절)."라고 옮겼다.

한편, 스포르노는 "(묵상하기 위해) 네 마음에 …… 을 두고 (이를 준행하기 위해서는) 네 영혼에 두라."고 해석했다.

트필린

וּקְשַׁרְתֶּם אֹתָם לְאוֹת עַל־יֶדְכֶם (우크샤르템 오탐 러오트 알 예드헴) — 또 그것을 너희의 손목에 매어 기호를 삼고 [1부에 대응되는 주석을 참고]

고대 랍비들은 'וּקְשַׁרְתֶּם(우크샤르템, 그들을 매라)'과 앞 절의 'עַל־לְבַבְכֶם(알 러바브헴, 네 마음 위에)'로부터 심장 반대편 팔의 윗부분에 트필린을 매야 한다고 추정했다.

두 트필린의 위치가 상징하는 바는 이를 착용하기 전에 낭독하는 기도를 보면 알 수 있다. '주님은 당신의 펴신 팔을 기념하라시며 트필린을 심장 반대편 팔에 매라고 명하셨습니다. 마음의 욕망과 계획을 헌신 앞에 복종시키기 위해서입니다. 또한 뇌의 반대편 머리에 이를 매는 것은 오감과 능력을

모두 헌신 앞에 굴복시키기 위해서입니다. 주님의 이름은 거룩하십니다.'

וְהָיוּ לְטֹטָפֹת בֵּין עֵינֶיךָ(버하유 러토타포트 베인 에이네이헴) — 너희 미간에 붙여 표를 삼으며 [1부에 대응되는 주석을 참고할 것]

토라연구

וְלִמַּדְתֶּם אֹתָם אֶת־בְּנֵיכֶם(벌리마드템 오탐 에트 버네이헴) — 또 그것을 너희의 자녀에게 가르치며[4]

자녀가 계명에 익숙해져야 한다(스포르노).

'אֹתָם'은 'אֹתָםo(오탐, 그들)'으로 발음하며 자녀에게 가르칠 토라의 말씀을 일컫는다. 그러나 이를 'אַתֶּם(아템, 너희들)'으로 읽으면 'וְלִמַּדְתֶּם אַתֶּם(벌리마드템 아템, 너희는 [토라를] 연구해야 한다)'는 뜻이 된다. 즉, 자녀에게 토라를 연구시키는 데 만족하지 말라는 얘기다. 몸소 본을 보이지 않는다면 아이들이

---

[4] 랍비 심하 부남(Simcha Bunam)은 자신은 토라를 거의 연구하지 않으면서 자녀에게 이를 강요하는 부모를 두고 말했다. "아버지가 본을 보이지 않으니 자녀는 학자가 되지 않을 것입니다. 그들은 앞으로도 자녀를 닦달할 것이 분명합니다."

잔소리를 들을 까닭이 있겠는가? (호페츠 하임)[5]

탈무드는 'וְלִמַּדְתֶּם'(벌리마드템)[또한 너희는 그것(복수)을 가르쳐야 한다]이 וּלְמַד תָּם(울마드 탐)[완벽히 연구하다]으로 발음할 수도 있다고 강조했다. 즉, 연구(לִמּוּד, 리무드)에는 실수가 없어야 한다는(תָּם(탐), 완전) 얘기다. 비슷한 발음 사이에는 여유를 두고 읽어야 한다[בֵּין הַדְּבֵקִים רֶוַח(레바흐 베인 하드베이킴)]. 단어의 마지막 문자가 다음 첫 문자와 같을 땐 이를 얼버무리지 않도록 조심해야 한다. 자칫 한 단어처럼 들릴지도 모르기 때문이다. 슈마에서 발음에 신경을 써야 할 부분은 다음과 같다.

---

[5] 탈무드는(바바 바트라 Bava Batra 21a) 자녀의 공교육을 논하면서 이렇게 기록했다. '랍비 여호수아 벤 가믈라(Yehoshua ben Gamla)'라는 이름은 영원히 기념해야 마땅하다. 그가 없었다면 토라는 이스라엘에서 잊혔을지도 모르니 말이다. 당시 자녀에게 아버지가 있으면 그가 자녀를 가르쳤고, 아버지가 없다면 아이는 아주 배울 수가 없었다. 부모라면 응당 자녀를 가르쳐야 한다는 말씀에("그것을 너희의 자녀에게 가르치며") 근거했기 때문이다. 얼마 후 '토라가 시온에서부터 나올 것이요(사 2:3).'라는 말씀에 의지하여 교사를 예루살렘에 파견하라는 조례가 제정되었다. 그랬더니 아니나 다를까, 아비들은 자녀를 예루살렘에 데려가서 공부를 시켰고 아비가 없는 아이들은 예루살렘에 올라갈 생각조차 하지 않았다.
그래서 이번에는 각 지방에 교사를 파견하고 16, 17세 소년은 의무적으로 입학하라는 개정안이 통과되었다. 하지만 교사가 행여 꾸짖기라도 하는 날엔 반항하거나 학교를 떠나는 아이들이 비일비재했다.
결국, 랍비 여호수아 벤 가믈라는 '어린' 아이를 가르칠 교사를 각 도성에 파견하고 입학 연령은 6, 7세로 낮추라고 했다.

"בְּכָל־לְבַבְכֶם, עֵשֶׂב בְּשָׂדֶךָ, וַאֲבַדְתֶּם מְהֵרָה, פְּתִיל, אֶתְכֶם מֵאֶרֶץ, עַל־לְבָבֶךָ, עַל־לְבַבְכֶם, בְּכָל־לְבָבְךָ הַכָּנָף, 알 러바베하, 알 러바브헴, 버콜 러바브하, 버콜 러바브헴, 에세브 버사드하, 바아바드템 머헤이라, 하카나프 프틸, 에트헴 메이에레쯔(버라호트 15b)"

לְדַבֵּר בָּם(러다베이르 밤) — 그들을 강론하고 끊임없이……(스포르노)

아버지는 아이가 말이 트이면 'מֹשֶׁה מוֹרָשָׁה קְהִלַּת יַעֲקֹב תּוֹרָה צִוָּה־לָנוּ(토라 짜바 라누 모쉐 모라샤 크힐라트 야아코브, 모세가 우리에게 율법을 명하였으니 곧 야곱의 총회의 기업이로다[신 33:4])'라는 구절을 가르쳐야 한다. 토라 연구가 언어 학습의 근간이 돼야하기 때문이다. 또한 아이는 히브리어와 토라에 길들여져야 한다(라쉬, 수카Succah 42a).

בְּשִׁבְתְּךָ בְּבֵיתֶךָ וּבְלֶכְתְּךָ בַדֶּרֶךְ……(버시브트하 버베이테하 우블레흐트하 바데레흐……) — 집에 앉아 있을 때든지

본문은 아이를 가르치라는 계명에서 복수형인 וְלִמַּדְתֶּם, 벌리

슈마 본문 읽기 2 · 신명기 11:13-21

마드템]을 썼다. 초등교육이 공동체의 의무라는 점을 암시한 것이다. 그러고는 '단수'로 전환된 점으로 미루어(네가 집에 앉아있을 때든지[בְּשִׁבְתְּךָ, 버시브트하]) 어머니든 아버지든 아이를 가르치는 의무에서 제외된 사람은 없다는 것을 알 수 있다(이연 테필라).

본문은 "집에 거하든지(가나안) 길을 걷든지(유수) 혹은 누웠든지(명예가 땅에 떨어졌을 때) 일어나든지(숭숭장구할 때)……"로 해석할 수도 있다.

וּכְתַבְתָּם עַל־מְזוּזוֹת בֵּיתֶךָ וּבִשְׁעָרֶיךָ(우흐타브탐 알 머주조트 베이테하 우비슈아레이하) — 또 네 집 문설주와 바깥문에 기록하라[1부에서 대응되는 주석을 참고할 것]

시두림은 대개 21절을 새 단락으로 나눈 탓에 슈마에는 네 개의 단락이 있을 것으로 생각하기가 쉬우나 본 구절은 וְהָיָה(버하야)로 시작되는 장의 일부이며 토라는 이를 따로 구분하지 않았다.

21. לְמַעַן יִרְבּוּ יְמֵיכֶם וִימֵי בְנֵיכֶם (러마안 이르부 예메이헴 비메이 버네이헴) — 너희의 날과 너희의 자녀의 날을 연장시키기 위해서 국외로 추방됐을 때 앞서 언급한 계명을 준행하면(하나님을 사랑하고, 토라를 연구하며, 트필린을 착용하며 메주자를 다는 것) 고국으로 돌아올 것이며 거기서 장수를 누릴 것이다(18절, 라쉬와 람밤). 그런데 이스라엘에 있을 땐 계명을 적절히 지켜야 한다("내 말을 네 마음에 두라"). 애당초 추방되지 않으려면 말이다(이븐 에즈라).

이를 조건문(conditional)이라고 한다. "토라를 준행하면 네 날수가 …… 연장될 것이나, 그러지 않으면 그 반대의 사태가 빚어질 것이다(라쉬, 시프레)."

이는 십계명과도 대응된다. "네 부친과 모친을 공경하라. 그러면 네 날수가 연장될 것이다……."

עַל הָאֲדָמָה (알 하아다마) — 그 땅 위에
생명을 지탱하는 신성한 땅, 가나안(알쉬흐Alshich)

אֲשֶׁר נִשְׁבַּע יהוה לַאֲבֹתֵיכֶם לָתֵת לָהֶם](아쉐르 니슈바 하쉐임 라아보테이헴 라테트 라헴)— 여호와께서 너희 조상들에게 주리라고 맹세하신

하나님께서 땅(it)을 그들에게(לָהֶם[라헴]) 주시겠다고 맹세한 것을 구체적으로 언급했다. 미드라쉬는 여기서 [가나안 땅이 이미 세상을 떠난 조상의 소유라면 그들은 부활하여 그 땅을 다시 차지할 것이다] '망자의 부활(Resurrection of the Dead)'을 유추해냈다(라쉬, 시프레).

망자의 부활론은 메시아의 구원이후 죽은 자가 모두 되살아나 제2의 삶을 영위한다는 이야기로[랍비 사디아 가온의 에무노트 버데오트(Emunos V'Deos) 7장 참고] 유대교의 중요 신앙 중 하나를 차지하고 있다. 람밤 또한 이를 10대 신앙 교리 중 하나로 간주하기도 했다. 성경에도 이를 암시하는 구절이 적잖이 눈에 띈다. 예컨대, 한나의 기도[삼상 2:6]를 보자. "여호와는 죽이기도 하시고 살리기도 하시며 음부에 내리게도 하시고 올리기도 하시는도다." (이사야 26:19와 시편 16:9 비교) 또한 다니엘 12:2는 "땅의 티끌 가운데서 자는 자 중에 많이 깨어 영생을

얻는 자도 있겠고 수욕을 받아서 무궁히 부끄러움을 입을 자도 있을 것……."이라고 기록했다[ArtScroll 주석 참고].

라쉬는 위 사례가 선지서와 성문서에서 발췌했다는 점을 지적하며 (시프레를 인용) "본문은 토라에서 부활론을 암시하는 것으로 매우 드문 기록"이라고 이야기했다.

כִּימֵי הַשָּׁמַיִם עַל־הָאָרֶץ (키메이 하샤마임 알 하아레쯔) — 하늘이 땅위에 있는 날과 같으리라 ['영원하다'는 말과 같다. 하늘은 우주가 멸망하지 않는 한 제자리에 있을 테니까]

삶의 질(the quality of life)을 언급한 말이다. 토라에 순종한다면 덧없는 인생도 천국에서의 삶과 같이 값질 것이다 (HaKsav V'HaKabbalah).

하늘이 (태양과 달, 강우 등을 통해) 땅을 풍성케 하듯, 의로운 삶 또한 세상 만물에 복을 주는 원천이 될 것이다(크사브 오페르Ksav Sofer).

슈마 본문 읽기 3

민수기 15:37-41

민수기 15:37-41

"애굽에서 건지신 하나님을 선포하라."는 계명을 지키겠다고 다짐한 후에 낭독한다.

(민수기 15:37-41)

37-38 וַיֹּאמֶר יהוה אֶל־מֹשֶׁה לֵּאמֹר: דַּבֵּר אֶל־בְּנֵי יִשְׂרָאֵל וְאָמַרְתָּ אֲלֵהֶם וְעָשׂוּ לָהֶם
צִיצִת עַל־כַּנְפֵי בִגְדֵיהֶם לְדֹרֹתָם וְנָתְנוּ עַל־צִיצִת הַכָּנָף פְּתִיל תְּכֵלֶת: וְהָיָה לָכֶם 39
לְצִיצִת וּרְאִיתֶם אֹתוֹ וּזְכַרְתֶּם אֶת־כָּל־מִצְוֹת יהוה וַעֲשִׂיתֶם אֹתָם וְלֹא־תָתֻרוּ אַחֲרֵי

זִנִים אַחֲרֵיהֶם: לְמַעַן תִּזְכְּרוּ וַעֲשִׂיתֶם לְמַעַן תִּזְכְּרוּ
40 לְבַבְכֶם וְאַחֲרֵי עֵינֵיכֶם אֲשֶׁר־אַתֶּם
קְדֹשִׁים לֵאלֹהֵיכֶם: אֲנִי יהוה אֱלֹהֵיכֶם אֲשֶׁר הוֹצֵאתִי
41 וַעֲשִׂיתֶם אֶת־כָּל־מִצְוֹתָי וִהְיִיתֶם
מִצְרַיִם לִהְיוֹת לָכֶם לֵאלֹהִים אֲנִי יהוה אֱלֹהֵיכֶם:
אֶתְכֶם מֵאֶרֶץ

37 여호와께서 모세에게 일러 가라사대

38 이스라엘 자손에게 명하여 그들의 대대로 그 옷단 귀에 술을 만들고 청색 끈을 그 귀의 술에 더하라

39 이 술은 너희로 보고 여호와의 모든 계명을 기억하여 준행하고 너희로 방종케 하는 자기의 마음과 눈의 욕심을 좇지 않게 하기 위함이라

40 그리하면 너희가 나의 모든 계명을 기억하고 준행하여 너희의 하나님 앞에 거룩하리라

41 나는 너희의 하나님이 되려하여 너희를 애굽 땅에서 인도하여 낸 여호와 너희 하나님이니라 나는 여호와 너희 하나님이니라

슈마 본문 읽기 3 · 민수기 15:37~41

 탈무드[버라호트 12b]는 3부에서 다섯 가지 계명을 열거했다. 이를테면, 1) 찌찌트의 법을 준행하고[38절] 2) 출애굽을 기념하며[41절], 3) 모든 계명을 기억하고 이단을 경계하며(마하르샤Maharsha 참고)[39절], 4) 악한 생각을 버리며[39절] 5) 우상 숭배를 피해야 한다[39절].

 "그렇다면 'וְהָיָה אִם שָׁמֹעַ(버하야 임 샤모아, 2부)'가 'יהוה וַיֹּאמֶר(바요메르 하쉐임, 3부)'을 앞선 까닭은 무엇인가?" "2부는 [모든 계명을 두루 기록함] 낮과 밤에 모두 적용되지만 3부는 [주로 찌찌트를 기술] 낮에만 적용되기 때문이다[밤에는 찌찌트를 착용하지 않아도 된다]." (버라호트 13a)

 탈무드는 1부와 2부의 순서를 두고도 그 이유를 밝혔다. "שְׁמַע(슈마)는 'וְהָיָה אִם שָׁמֹעַ(버하야 임 샤모아)' 앞에 자리를 잡았다. 1부는 '배움[וְדִבַּרְתָּ בָּם(버디바르타 밤)]과 가르침 [וְשִׁנַּנְתָּם לְבָנֶיךָ(버쉬난탐 러바네이하)]' 및 '행함[하나님 사랑과 트필린 및 메주자 계명]'을 언급하여 1순위가 되었고 2부는 '가르침'과 '행함'을, 3부는 '행함'만 기록했기에 2, 3위를 차지하게 된 것이다."

성경의 맥락

3부는 정탐꾼 사건을 주로 다루는 파르샤트 슐라흐(Parshas Sh'lach)의 끝 단락이다. 앞절은 고의로 안식일을 범한 사람이 그 혐의로 사형을 받았다는 일화를 실었다.

찌찌트 계명의 목적

람반은 유대인들이 안식일을 비롯한 모든 계명을 기억할 수 있도록 안식일을 범한 사람을 처형한 이후 하나님께서 찌찌트 계명을 주셨다고 주장했다. [랍비 모세 하다르샨 Moshe HaDarshan(41절)을 인용한 라쉬 주석 참고]

그러나 얄쿠트Yalkut에 따르면, 안식일 범죄 이후는 "백성들이 안식일을 범한 까닭은 계명이 아직 익숙지가 않고 뇌리에 충분히 각인되지 않았기 때문입니다. 평일이면 유대인에게는 '트필린'이라는 표식이 있어 이방인과는 구별되는 계명과 언약을 기억할 수 있지만, 안식일에는 이렇다 할 표가 없지 않습니까?"라고 하소연하자 하나님은 "찌찌트를 걸쳐서 ㅡ 안식일에도 ㅡ 모든 계명을 영원히 기억토록 하라."고 명하셨다고 한다.

미드라쉬는 유대인의 삶은 매순간 순간이 계명의 연속이라며 심지어 옷을 걸칠 때도 찌찌트라는 술을 붙여야 한다고 기록했다.

한편, 고대 랍비들은 찌찌트에 숭고한 상징성을 부여하기도 했다. 이를테면, 찌찌트는 계명을 떠오르게 하는 수단이므로 문설주에 다는 메주자와 팔머리에 두르는 트필린과 그 기능이 같다는 것이다. 이와 관련하여, 탈무드는[므나호트 44a] 찌찌트를 걸친 덕택에 방종하지 않은 사람의 일화를 기록하기도 했다.

슈마에 들게 된 경위

하루에 두 번 낭독하는 슈마의 일부가 된 이유는 유대인이 "평생토록…… [신 16:3]" 기억해야 할 일생일대의 사건인 출애굽을 기념하기 때문이다. 랍비들은 '평생토록(all the days of your life)'에서 'all(모두)'이 저녁과 아침에 걸친 출애굽을 기억하라는 의무를 덧붙여 가르친다고 강조했다.

토라에는 그밖에도 출애굽 기록이 많지만 슈마에 이 부분만이 포함된 까닭은 — 앞서 언급했듯이 — 다섯 계명과 출애굽을 모두 담았기 때문이다(버라호트 12b).

또 다른 탈무드(여루샬미)는 본문이 십계명에 대응되는 탓에 슈마에 채택되었다고 기록했다. [토사포트, 버라호트 12b 참고]

37. וַיֹּאמֶר יהוה אֶל־מֹשֶׁה לֵּאמֹר(바요메르 하쉐임 엘 모쉐 레이모르) — 여호와께서 모세에게 일러 가라사대[1]

---

[1] וַיֹּאמֶר יהוה(바요메르 하쉐임, 여호와께서 말씀하시길)은 וַיְדַבֵּר יהוה(바여다베이르 하쉐임, 여호와께서 말씀하시길)보다 더 회유적인 뉘앙스를 담고 있다. 이는

슈마 본문 읽기 3 • 민수기 15:37~41

토라에서 사족처럼 보이는 '가라사대'에는 (모든 후손을 상대로)(לֵאמֹר לְדֹרֹתָם, 레이모르 러도로트) '이른다'는 뉘앙스가 있으며 말이 '명료하게' 전달되었다는 의미를 담고 있기도 하다. 본문에서와 같이 계명을 전달할 경우, '가라사대'는 비교적 짤막한 본문에 자세한 설명이 곁들일 때 쓰는데, 이는 시내산에서 모세에게 전달되어 대대로 전래된 '구전법 (פֶּה שֶׁבְּעַל תּוֹרָה, 토라 쉐브알 페)'에도 쓰였다(HaKsav V'Hakabbalah와 람반의 레위기 1장 1절 주석 및 이연 테필라를 참고할 것).

미드라쉬 해석을 반영하는 것으로, 앞 절에서 혹자가 안식일을 위반한 탓에 처형을 당한 직후 모세는 번민하며 하나님께 다음과 같이 아뢰었다고 한다. "평일이면 '트필린'이라는 표식이 있어 이방인과는 구별되는 계명을 기억할 수 있지만 안식일에는 무엇으로 이를 기억한단 말입니까?" 그러자 하나님은 "그들에게 찌찌트[안식일에도 걸칠 수 있는] 계명을 줄 터이니 그것이 계명을 항상 기억나게 할 것이다."라고 답변하셨다고 한다. 즉, 하나님께서는 모세를 달래고 그의 소원에 응하시려고 계명을 기록할 때 "וַיֹּאמֶר(바요메르)"를 쓴 것이다(오르 하하임).
하라브 모쉐 페인스테인에 따르면, 이 계명을 기록할 때 좀 더 화유적인 אָמַר(아마르)'가 사용된 까닭은 찌찌트가. 다른 계명과는 달리 의무가 아니기 때문이었다고 한다. 성경은 네 귀가 달린 옷을 입을 때만 각 귀에 찌찌트를 달아야 한다고 기록했으나, 이를 달 수 있도록 그런 옷을 입어야 한다는 것은 랍비들이 세운 교리에 불과하다. [38절 주석 참고](랍비 A. 피쉘리트A. Fishelis, 콜 람Kol Ram)

38. דַּבֵּר אֶל־בְּנֵי יִשְׂרָאֵל וְאָמַרְתָּ אֲלֵהֶם(다베이르 엘 버네이 이스라엘 버아마르타 알레이헴) — 이스라엘 자손[아들들]에게 명하여 가라사대

성경을 해석할 때 한 가지 염두에 두어야 할 규칙은 דַּבֵּר(다베이르, 말하다)와 וְאָמַרְתָּ(버아마르타, 말하다)가 한 구절에 모두 들어있다면 'דַּבֵּר, 다베이르'와 'וְאָמַרְתָּ, 버아마르타'는 각각 '일반적인 주제를 꺼내어,' '이를 분명히 밝힌다.'는 뜻으로 간주해야 한다는 것이다. 따라서 문맥상 상세히 설명하는 부분은 실의 숫자라든가 매듭짓는 요령 등, 토라에는 구체적으로 언급되지 않았으나 모세로부터 내려온 전통을 통해 알고 있는 것들이다. 따라서 계명의 개요는 토라에 기록되었으나 모세가 이스라엘에 자세히 가르친 법은 구전법(the Oral Law)에 들어있다(랍비 바히야, 에쯔 요세프).

랍비들은 [페식타 주트레사, 하가호트 마이모니트Hagahos Maimonis 참고] בְּנֵי יִשְׂרָאֵל(버네이 이스라엘, 이스라엘의 아들들)'를 근거로 '여성은 이 계명에서 제외된다.'고 주장했다. (토사포트 기틴 § 5b, 토라 테미마 § 106 비교)

또한 탈무드는[므나호트 42a], '이스라엘의 자녀들'을 토대로 유대인만이 찌찌트를 만들 수 있다는 법을 추가했다. 따라서 이방인이 유대인을 위해 만든 찌찌트는 무용지물이었다.

וְעָשׂוּ לָהֶם צִיצִת(베아수 라헴 찌찌트) — [또한 그들은] 술(tassels)을[히브리어는 찌찌트] 만들고

라쉬는 술을 '찌찌트'라고 부른 까닭을 둘로 설명했다. 1) 그에 달린 실이 צִיצִת(찌찌트, 꼰 것(curls)이나 털)이란 뜻이고 [겔 8:3], 2) 그와 관련된 계명 "그것을 우러러볼지어다(39절)."에서 צִיצִת(찌찌트)가 바로 [아가 2:9에 기록된] 동사 צִיץ (응시하다)'에서 파생된 말이기 때문이다. 따라서 명사는 '응시하는 대상(an object to be gazed at)'이란 뜻이다.

조건부 계명

토라는 네 귀가 달린 옷을 입을 때만 각 귀에 찌찌트를 달아야 한다고 기록했으므로 이 계명이 절대적인 것은 아니다. 조건부 계명인 탓에 본문은 "네 귀가 달린 옷을 입고 싶다면 찌찌트부터 만들라."는 말처럼 들린다(HaKsav V'Hakabbalah).

공인된 율법은 찌찌트를 두고 חוֹבַת גַּבְרָה(호바트 가브라, 사람의 의무)지 חוֹבַת טַלִית(호바트 탈리트, 옷의 의무)가 아니라고 했다. 즉, 네 귀가 달린 옷을 사람이 걸치지 않고 옷장에 걸어두면 굳이 찌찌트를 더할 필요가 없다는 얘기다.

랍비 허쉬는 네 귀가 달린 옷을 입어야 한다는 규정은 없으나 토라는 우리가 자발적으로 그 의무를 다하길 기대할 것이라고 강조했다.

랍비들은 וְעָשׂוּ(버아수, 그들이 만들 것이다)로부터 찌찌트는 목적에 맞게 제작해야 한다고 강조했다. 하다못해 찌찌트에 쓸 끈도 애당초 이를 만들 목적으로 짜야했다는 것이다. …… 예전에 매듭진 찌찌트를 다른 옷에 바느질을 해도 무효라고 했다(람밤 1:11~12, 므나호트 42a~b).

군더더기처럼 보이는 לָהֶם(라헴, 그들에게)'은 찌찌트가 주인이 가진 재료라야 한다는 점을 암시한다. 따라서 훔친 실로 찌찌트를 만들어도 무효가 된다(수카 9a, 오라흐 하임 1:6).

עַל־כַּנְפֵי בִגְדֵיהֶם לְדֹרֹתָם(알 칸페이 비그데이헴 러도로탐)
— 그들의 대대로 그 옷단 귀에

 엄밀히 말해서, 이 계명은 옷단 귀가 넷 이상 되는 옷을[찌찌트를 그 넷에 부착해야 한다] 입었을 때만 적용된다[므나호트 43b, 오라흐 하임 § 17과 § 24]. 그런데 네 귀의 옷이(이를테면, 망토 따위) 유행에 밀리자 옷장에 찌찌트를 달아야 할 옷을 걸어두지 않았다[오라흐 하임 10:18]. 하지만 랍비들은 이 계명을 좀 더 확장하여 'לְדֹרֹתָם(러도로탐, 대대로)'을 지킬 수 있도록 네 귀가 달린 옷을 입어야 한다고 규정했다[세페르 하히누흐 참고].

 결국 탈리트 카탄[tallis katan, 작은 탈리트]이나 아르바 칸포트 [arba kanfos, 네 옷단 귀] — 직각 모서리가 넷인 내의(rectangular four-cornered undergarment)(성인의 옷은 폭과 길이가 각각 18~24인치와 4피트정도 되며 아동용은 그에 비례하여 더 작다) — 로 그 계명을 지킬 수 있게 되었다. 중앙에는 구멍을 만들어 이를 머리 위에 걸칠 수 있게 했다(하루 종일 입고 있다). 가장 큰 탈리트는 아침 기도시간에 입는다. 의상의 네 옷단 귀에는 찌찌트의 모양으로 만든다. 다른 계명과 마찬가지로 찌찌트 역시 그에 합당한 축복이 필요하다[오라흐 하임 § 8].

לְדֹרֹתָם(러도로탐, 대대로)은 찌찌트의 법이 모든 세대에 적용된다는 점을 강조한다. 따라서 그런 상징물이 없어도 계명을 잘 지킬 수 있다고 자부하는 의로운 자들도 예외는 아니다(오르 하하임).

오르 하하임은 '대대로'가 청색 끈(t'cheiles)이 아닌 흰색 끈을 더하라는 명령 뒤에 나왔다고 덧붙였다. 사실 청색 끈보다는 흰 끈이 모든 세대가 두루 쓸 수 있기 때문이다[아래 참고]. (하삼 소페르도 그와 입장이 비슷하다)

탈무드는[므나호트 42a] '옷단 귀에(on the corners)'를 근거로 찌찌트는 옷단에서 일정 거리를 두고 — 최소 세 손가락 너비 — 끼워 끝자락 위에 걸쳐야 한다는 것을 유추해냈다. 즉, 찌찌트는 옷단 끝에 붙이면 안 된다는 얘기다. 슐한 아루흐에 규정된 율법도 그렇게 기록했다.

주석가들은 "계명을 제대로 준행하려면 찌찌트를 네 귀퉁이에 부착한 후 아랫부분 끝에서부터 수직인 곳에 구멍을 뚫고 술을 달아야 한다"고 주장했다. 그래야 찌찌트가 옷단 귀에 달리며, 수직으로 내려뜨리게 매듭을 지으면 그렇게 되진 않는다[토라 테미마, 슐한 아루흐 11:15].

כנף(카나프, 귀퉁이)에는 '날개'라는 뜻도 있다. 따라서 찌찌트를 옷단 귀에 부착하면 하나님이 어떻게 이스라엘을 애굽에서 건지셨는지 유추해볼 수 있을 것이다. "독수리 날개로 너희를 업어……(출 19:4)." (랍비 모쉐 하다르샨을 인용한 라쉬의 주석(41절))

וְנָתְנוּ עַל־צִיצִת הַכָּנָף פְּתִיל תְּכֵלֶת(베나트누 알 찌찌트 하카나프 프틸 트헤일레트) — (그리고) 청색 끈 [직역하면 꼰 것(a twist)(라쉬의 신 32:5 주석 참고)]을 그 귀의 술에 더하라

즉, 각 단의 술 가운데 한 청색 끈과 감는 것이 있다는 얘기다. 이를 토대로, עַל(알, 위에)는 — 레위기 25:31(הָאָרֶץ עַל־שָׂדֵה(알 스데이 하아레쯔, 그 땅의 광야와 함께)과 같이 — '함께

(with)'라는 뜻도 있다(히즈쿠니).

트헬일레트(תְּכֵלֶת)

트헬일레트(청색 끈)는 '힐라존(chilazon)'이라는 희귀종 어류에서 추출해낸 푸른색 염료로 색상 입힌 모직물을 일컫는다(라쉬의 출 25:4 주석 참고).

힐라존의 정체는 아직 알려지지 않았으나, 달팽이과에 속하는 연체동물로 추정되며 매우 드문 탓에 70년에 한번 지상에 모습을 드러낸다고 한다[므나호트 44a, 라쉬의 산헤드린 91a 및 므길라 6a 주석 참고]. 므길라 6a에 따르면, 힐라존은 스불론 지역의 강에서 발견되었다고 한다[라쉬의 창 49:34 참고(ArtScroll ed. p. 2158)].

트헬일레트의 색깔을 두고는 하늘색(람밤)부터 저녁 하늘색(라쉬가 인용한 랍비 모쉐 하다르샨(민 15:41), 혹은 푸른빛이 감도는 파란색(greenish-blue, 라쉬의 본문 주석[이븐 에즈라의 출 25:4 주석] 참고)에 이르기까지 의견이 분분하다. 그런데 '푸른빛이 감도는' 파란색이 남청색(aquamarine)을 두고 한 말인지는 분명치가 않다. 한편, 탈무드는 트헤일레트의 색을 바다에 비유하기도 했다.

람밤[Hil. 찌찌트 2:1]은 토라에 언급된 트헤일레트 끈은 항상 청색[청명한 하늘색]으로 염색한 직물이며, 광택이 있어 빛이 바래지는 것을 방지한다고 기록했다[청색 끈이 염색되는 과정을 기술한 람밤의 주석을 참고할 것].

전술한 바와 같이, 힐라존은 탈무드가 기록된 당시에도 매우 희소했고, 수세기가 지났음에도 힐라존의 정체는 여전히 분명치가 않은 탓에 현대 찌찌트에 트헤일레트 끈이 쓰일 리는 없다.

그럼에도 찌찌트 계명은 — 트헤일레트를 추가하지 않은 흰색 실 — 트헤일레트가 없을 때도 여전히 구속력이 있다(므나호트 38a). לְדֹרֹתָם(러도로탐)에 대해 인용된 오르 하하임 참고]

트헤일레트의 가닥과 흰 끈과 감고 매듭짓는 방법 또한 탈무드 주석가와 율법학자들의 논쟁거리가 되었다[라쉬와 토사포트 및 므나호트 38a를 참고. 자세한 사항은 람밤 1:6~7과 랍비 G. Ch. 레이네르 —스푸네이 트무네이 홀S'funei T'munei Chol p.113ff의 프실 트헤일레트Psil T'cheiles—를 참조할 것.

매듭방법

요즘은 흰 실만 사용하며 각 술에는 한 개의 긴 실과 세 개의 짧은 흰 실(네 귀퉁이에 뚫린 구멍에 넣어 감은 후 여덟 가닥을 만든다)로 이루어져있다. 이들은 겹매듭이라 매우 견고하다. 샤마쉬(Shamash)라고 불리는 긴 끈은 다른 끈과 각각 일곱, 여덟, 열하나, 열세 번을 감는다. 총 39번이므로 יהוה אֶחָד(하쉐임 에하드, 여호와는 한분이시다)와 숫자가 같다(베이트 요세프 § 11 비교). 그런 후 겹매듭을 만든다. 따라서 각 술은 매듭이 각각 일곱, 여덟, 열하나, 열세 번 감아 그 밑으로 여덟 가닥의 줄을 늘어뜨리는 것이다. 결국 찌찌트를 구성하는 요소는 열 셋인[다섯 개의 겹매듭과 여덟 가닥의 끈(아래의 라쉬 s.v. ___(우르이템) 참고)] 셈이다.

랍비 허쉬는 옷 술[הַכָּנָף צִיצִת(찌찌트 하카나프)]과 같이 찌찌트도 색을 입힌 옷과 흡사한 מִין הַכָּנָף(민 카나프)라고 불러야 한다고 지적했다. 의류가 대부분 흰색인 탓에 찌찌트도 일반적으로 לָבָן(라반, 흰색)'이라고 하나, 색상은 특별한 의미가 없으므로 트헤일레트가 아니라는 의미에서만 '흰색'으로 불린다(므나호트 38a). 람밤도 그와 비슷하게 해석했다.

39. וְהָיָה לָכֶם לְצִיצִת(버하야 라헴 러찌찌트) — 또한 그것은 너를 위한 술이 될 지어다

라쉬바(Rashba)[찌찌트를 두고 라쉬의 두 번째 견해를 따름]는 본문을 "그것은 네가 응시할 대상이 될 것이다."라고 해석했다.

— 단수형을 쓴 것은 וְהָיָה(버하야, 그리고 그것은 ~이 될 것이다)와 צִיצִת(찌찌트, 복수형은 צִיצִיוֹת 찌찌오트)] 흰 실과 트헤일레트가 함께 하나의 찌찌트 계명을 구성하기 때문이다. 또한 이 계명을 지키려면 네 술이 모두 필요하므로 — 네 번째 술이 없이 세 개의 술만으로는 계명을 온전히 구성하지 못한다 — 그 넷이 모두 하나의 찌찌트 계명을 이룬다는 것을 시사한다(므나호트 28a, 람밤 힐호트 찌찌트 1:5).

וּרְאִיתֶם אֹתוֹ וּזְכַרְתֶּם ...... וַעֲשִׂיתֶם אֹתָם(우르이템 오토 우즈하르템... 바아시템 오탐) — 너희가 그것을 [찌찌트, 하나의 계명을 이루는 넷을 모두 보고 [볼지어다](람밤은 "너희가 트헤일레트를 보고"로 옮겼다) 여호와의 모든 계명을 기억하여 준행할 것이다

'너희가 그것을 볼지어다'라는 말씀을 근거로, 찌찌트는 육안으로 보여야 한다(이븐 에즈라).

찌찌트가 눈에 띌 수 있도록 옷 바깥에 착용하는 관습이 여기서 비롯되었다. 이븐 에즈라의 입장을 요약하자면, 찌찌트 계명은 낮에만 적용된다. [아래를 참고]

아침에 이 말씀을 낭독하면서 오른손에는 찌찌트의 아랫부분을 잡고 왼손으로는 매듭진 윗부분을 잡아 그것을 본 뒤 눈 위로 넘긴다. 관습은 다양하나 유대인들은 대부분 계명을 사랑한다는 표시로 찌찌트에 입을 맞춘다(베이트 요세프 및 오라흐 하임 24:5).

랍비들과 주석가들은 어떻게 찌찌트가 여호와의 계명을

모두 떠오르게 할 수 있는지 다양한 해석을 제시했다.

라쉬는 탄후마를 인용, 찌찌트[발음대로 두 요드를 다 쓰면 (람반, 다아트 즈케이님, 미즈라히Mizrachi 및 Gur Aryeh 참고)]는 숫자 '600[צ=90, י=10, צ=90, י=10, ת=400]'과 같으며, 각 귀에는 13개의 요소(다섯 개의 매듭과 여덟 가닥의 줄)가 있으므로 도합 613(성경에 기록된 계명의 숫자)이 된다. 따라서 랍비들은 찌찌트 계명이 전 계명과 동일하다고 규정했다.

람반에 따르면, 모든 계명을 떠올리게 하는 것은 트헤일레트 끈이라고 밝혔다. 탈무드에 기록된 바와 같이[므나호트 43b] 트헤일레트는 바다를, 바다는 곧 하늘을 연상시키므로 결국 사파이어 형상을 띤 하나님의 보좌(겔 1:26)를 상기시킨다는 것이다. 따라서 찌찌트를 보면 하나님께 대한 의무가 생각날 것이다. [람반은 카발라식 근거도 아울러 기록했다]

탈무드는[므나호트 43b] 찌찌트가 왕의 신하를 가리키는 '신분증'과도 같으므로 왕의 명령에 순복해야 할 의무를 상기시킨다고 밝혔다. 엄밀히 말해, 사람은 기억만을 의존해서는 안 되기에 기억력을 자극하는 대상을 두어야 한다.

랍비들의 말마따나 "일단 봐야 기억이 나고 기억이 나야 행하게 된다."는 얘기다.

'וַעֲשִׂיתֶם אֹתָם(바아시템 오탐, 그들을 준행하여)'를 강조해야하는 까닭은 행함이 없는 기억은 무익한 '두뇌운동'에 불과하기 때문이다(랍비 노손 셰르만).

'וּרְאִיתֶם אֹתוֹ, 우르이템 오토(너희가 그것을 볼지어다)'에서 비롯된 법

몇 가지 예만 간추렸다.

- 여성은 제외되나 시각장애우는 그렇지 않다

'너희가 그것을 볼지어다'는 계명이 오전(볼 수 있는 때)에만 적용된다는 뜻이다[וְהָיָה שְׁעַת רְאִיָּה(슈아트 르이야)]. 찌찌트는 시간대가 정해진 긍정적인 법이므로 여성은 이를 준행해야 할 의무가 없다. 여성은 시간에 관련된 계명에서 면제되기 때문이다(람밤, Hil. 찌찌트 3:7, 므나호트 43a 및 슐한 아루흐 17:1 참조).

그런데 계명에서 '본다'는 어구가 중요하지만 네 귀가 달린

옷을 걸친 사람은 시각장애우라도 찌찌트를 걸쳐야 한다. 본 구절은 단지 낮 시간을 가리키므로 시력을 잃었더라도 계명은 지켜야 마땅하다(므나호트 43a).

• 슈마를 낭독할 시간

랍비들은 본문을 근거로 아침에 슈마를 낭독하는 시간을 유추하기도 했다. 즉, 슈마에 찌찌트 계명을 아울러 낭독하므로 두 가지를 동시에 해야 한다는 것이다. 이에 랍비들은[버라호트 9a] "트헤일레트와 흰색을 구별할 수 있을 만큼 밝을 때[찌찌트의 다양한 끈을 식별할 수 있을 때 슈마를 낭송해야 한다."고 강조했다(므나호트 43a, 여루샬미 버라호트 1:2 참고).

• 하나님의 임재를 보다

'אֹתוֹ(오토)'이 신명기 6:13에서 하나님을 가리키므로 본문은 찌찌트 계명을 철저히 준행하면 하나님을 볼 수 있는 복을 얻게 된다는 뜻이다(하나님을 알현)(므나호트 43b).

וְלֹא־תָתֻרוּ אַחֲרֵי לְבַבְכֶם וְאַחֲרֵי עֵינֵיכֶם(벌로 타투루 아하레이 러바브헴 버아하레이 에이네이헴) — 또한 마음과 눈의 욕심을 좇지 않게 하기 위함이라

마음과 눈은 육신의 '스파이(spies)'로 죄를 부추기는 '촉매'와 같다. 눈으로 보면 마음에 욕정이 생겨 몸이 죄를 짓기 때문이다(라쉬).

'마음[성경은 지성을 마음에 빗대어 표현한다]'은 이교도의 상념(thoughts)으로, '눈'은 음란으로 유도한다(버라호트 12b).

마지막 장에서 이야기하겠지만, 슈마에는 십계명을 암시하는 구절이 종종 눈에 띈다. 그 예로 본문은 'לֹא תִנְאָף(로 틴아프)—간음하지 말라'와 일맥상통한다.

אֲשֶׁר־אַתֶּם זֹנִים אַחֲרֵיהֶם(아쉐르-아템 조님 아하레이헴) — 그런 후에는 너희가 방종하게 된다

'방종(Going astray)'은 하나님을 떠나 우상을 섬기는 것을 암시한다[사사기 8:33 참고](버라호트 12b).

40. לְמַעַן תִּזְכְּרוּ וַעֲשִׂיתֶם אֶת־כָּל־מִצְוֹתָי)(러마안 티즈크루 바아시템 에트-콜-미쯔보타이) — 너희가 나의 모든 계명을 모두 기억하고 준행할 수 있도록

찌찌트를 보면 하나님과 당신의 계명이 기억날 거라던 앞 절과는 달리, 본문은 찌찌트의 궁극적인 목적을 "별도의 '기억 도우미(reminders)'가 없이도 하나님의 계명을 스스로 기억하여 준행하는 경지에 이르는 것"이라고 밝혔다(랍비 허쉬).

슈마가 십계명과 대응된다는 점으로 미루어 본문은 "זָכוֹר אֶת־יוֹם הַשַּׁבָּת(자코르 에트 욤 하샤바트)—안식일을 기억하라."는 말씀과 상통한다고 볼 수 있다. 찌찌트가 모든 계명을 상기시키듯, 안식일도 — 중요성을 감안해볼 때 — 토라의 모든 계명과 맞먹기 때문이다(여루샬미 버라호트 1:5).

그러나 슐한 아루흐는 슈마를 낭독할 때 'תִּזְכְּרוּ(티즈크루, 기억할지어다)'의 ז(자인)'을 분명히 발음해야 한다고 지적했다. 자칫 תִּשְׂכְּרוּ(티스크루, 고용할지어다)라든가 תִּשְׁקְרוּ(티슈크루, 속일지어다)라고 읽을 수 있기 때문이다. 아울러, וּזְכַרְתֶּם(우지하르

템)의 'ㅣ(자인)'도 신경을 써서 발음해야 한다.

וִהְיִיתֶם קְדֹשִׁים לֵאלֹהֵיכֶם (비흐이템 크도쉼 레일로헤이헴) — 그러면 너희는 하나님 앞에서 거룩하리라

즉, 하나님의 계명을 모두 기억하고 준행한다면 너의 위신이 하나님 앞에서 '거룩'해질 것이다.

קָדֹשׁ(카도쉬, 거룩)는 숭고한 명분에 헌신한다는 뉘앙스를 담고 있다(랍비 허쉬).

라쉬의 레위기 30:2[여루샬미 여바모트 2:4] 주석에 따르면, '거룩'은 부정한 성관계를 삼가는 사람에게 적용된다고 한다. 찌찌트 계명을 행하면 죄를 짓지 않을 것이다. 이와 관련하여 탈무드는 부정한 관계를 저지를 찰나에 찌찌트를 봄으로써 죄를 짓지 않은 사람의 일화를 기록하기도 했다. 그런 맥락에서 라쉬는 토라가 음란을 경고한 대목에서 항상 '거룩'이 언급되었다고 밝혔다.

그러나 람반은 다른 문헌을 근거로 '거룩'의 적용 범위가 그보다는 더 넓다고 주장했다. 거룩이란 일상(먹고 즐기는 가운데

도)에서도 중용과 절제를 연습하는 것을 두고 한 말이다. 즉, 토라는 이를 금하진 않았으나 '거룩한' 사람은 중독에 빠질 만큼 탐닉하진 않는다는 것이다. 따라서 중용이라는 울타리를 벗어난다면 그는 'נָבָל בִּרְשׁוּת הַתּוֹרָה(나발 비르슈트 하토라, 토라가 허용한 생활을 더럽힌 사람)'가 될 수 있다.

41. אֲנִי יהוה אֱלֹהֵיכֶם(아니, 하쉐임 엘로헤이헴) — 나는 여호와, 너희의 하나님이다

슈마 1부에서 언급했듯이, '하쉐임(여호와)'은 은혜를 베푸시는 하나님을, '엘로힘'은 공의의 하나님을 기술한 것이다.

따라서 라쉬는 본문을 "나는 여호와(너희가 계명을 행하면 상을 베푸는) 너희의 하나님(계명을 위반할 땐 가차 없이 심판하는)이다."라고 해석했다. 어떤 행위도 하나님의 '레이더망'에서 벗어날 순 없다.

הוֹצֵאתִי אֶתְכֶם מֵאֶרֶץ מִצְרַיִם לִהְיוֹת לָכֶם לֵאלֹהִים

אֲשֶׁר(아쉐르 호쩨이니 에트헴 메이에레쯔 미쯔라임 리흐욧 라헴 레일로힘) — 너희의 하나님이 되려하여 너희를 애굽 땅에서 인도하여 낸

너희가 나의 신족[내가 너희 하나님이 되리라]를 인정했기에 너희를 애굽에서 인도한 것이다(라쉬).

하나님은 애굽에서 종살이하던 유대인들을 구원하였기에 그들은 주님의 특별한 관심대상이 되었다. 하나님께서 친히 유대인의 명맥을 보장하신 셈이다(스포르노).

본문을 암송할 땐 '이집트에서 탈출한 것을 기억하라.'는 계명을 준행할 것을 다짐해야 한다(아리잘Arizal).

그렇다면 출애굽이 찌찌트와 무슨 상관이 있는가? 이를 두고 라쉬는 "하나님이 애굽에서 진짜 초태생과 그렇지 않은 자를 구별했듯이, 청색으로 염색한 끈을 옷에 달며 '정품 트헤일레트'처럼 속이는 자를 구별할 것이다."라고 해석했다(라쉬, 바바 머찌아Bava Metzia 61b).

אֲנִי יהוה אֱלֹהֵיכֶם(아니 하쉐임 엘로헤이헴) — 나는 여호와 너희 하나님이니라

왜 위 문장을 재차 반복했을까? 앞 절에서 하나님이 자비와 공의를 베푸시는 하나님으로 소개된 탓에 "상벌을 피하려면

하나님의 주권을 인정하지 말아야 한다."는 오해를 불러일으킬 수 있었다. 때문에 주님은 이를 불식시키려고 같은 말을 반복하신 것이다. "너희가 나를 인정하든 그러지 않든 나의 주권은 조금도 달라지지 않는다. (너희의 의지와는 상관없이) 나는 여호와 너희의 하나님이기 때문이다." [겔 20:23 주석 참고] (시프레에 근거를 둔 라쉬, 므나호트 44a, 미즈라히, 베에르 이쯔하크, 얄쿠트 여후다, 스포르노를 비교하고 샤부오트 88a를 참고할 것)

이를 카발라식으로는 "여호와는 이생에서 우리 하나님이시고 내세에서도 그럴 것이다," 혹은 "주님은 출애굽 당시 우리의 하나님이라고 밝히셨다. 따라서 흩어진 자를 모으실 마지막 구원의 날(the final Redemption)에도 그분은 우리 하나님이 될 것이다."라고 해석할 수 있다(랍비 바히야, 시프레).

אֱמֶת(에메트) — 진실, 진리

다음 단락(시두르 기도문)의 첫 단어인 'אֱמֶת(에메트)'는 토라에 기록되지 않았고 토라 본문을 낭독할 때도 언급되지 않는다. 슈마의 총 단어수를 248개로(수문인 מֶלֶךְ נֶאֱמָן

אֵל(엘 멜레흐 네에만)이나 하잔의 יְהוָה אֱלֹהֵיכֶם אֱמֶת(바하쉐임 엘로헤이헴 에메트)를 세 번 반복한 것도 포함) 맞추려고 덧붙였기 때문이다. [서문과 אֵל מֶלֶךְ נֶאֱמָן, 엘 멜레흐 네에만' 주석 참고] 이는 세 단어 יְהוָה אֱלֹהֵיכֶם אֱמֶת(하쉐임 엘로헤이헴 에메트, 여호와 너희의 하나님은 미쁘시다)'로 읽는다. 그런데 슈마의 마지막 마디와 אֱמֶת(에메트, 진리)가 조금이라도 끊겨서는 안 된다는 법이 고대부터 전래돼왔으므로 - 탈무드에도 언급[버라호트 14a] - 선지자 예레미야가 그랬듯이[렘 10:10] "אֱמֶת וַיהוָה אֱלֹהִים(바하쉐임 엘로힘 에메트)"라고 읽는다.

탈무드의 법을 감안해볼 때, 중간에 끊이지 않는 이 본문은 마치 슈마의 한 절로 생각된다. 그렇다면 법의 기원이 분명한데 'אֱמֶת(에메트)'가 토라에서 누락된 까닭은 무엇일까? - 추정컨대, 랍비들이 구전법을 통해 알고 있는 전통에는 'אֱמֶת(에메트)'가 토라에 기록되었을 것이다(예레미야의 예언에 기록되었듯이). 하지만 공교롭게도 그 다음 절[민 16:1]이 고라(Korach)자손의 반란으로 이어진 탓에 논쟁에 휘말린 'אֱמֶת(에메트, 진리)'가 누락된 것이다. 토라에는 기록되지 않았다고 하여 이를 '허공에 맴도는(hover in the air)' 말이라고 한다. 그러나 랍비들은 슈마를 낭송할 땐 이를 추가키로 했다. 결국 '에메트'는 불가침의 권세도 얻게 된 셈이다(랍비 모르드하이, 이투레이 토라Itturei Torah와 세페르 하파르쉬요트 Sefer Haparshiyos에 인용된 Y. L. 자크트 참고).

취침 전 기도(The Bedtime Shema)

קריאת שמע על המטה
לְכָל־מִי שֶׁהִכְעָם וְהִקְנִיט אוֹתִי, אוֹ שֶׁחָטָא כְּנֶגְדִּי - בֵּין
רִבּוֹנוֹ שֶׁל עוֹלָם, הֲרֵינִי מוֹחֵל
בֵּין בְּכָל־אֲשֶׁר לִי, בֵּין בְּאֹנֶס, בֵּין בְּרָצוֹן, בֵּין בְּשׁוֹגֵג,
בְּגוּפִי, בֵּין בְּמָמוֹנִי, בֵּין בִּכְבוֹדִי,
בְּמַעֲשֶׂה, בֵּין בְּמַחֲשָׁבָה, בֵּין בְּהִרְהוּר; בֵּין בְּגִלְגּוּל זֶה,
בֵּין בְּמֵזִיד; בֵּין בְּדִבּוּר, בֵּין
יִשְׂרָאֵל, וְלֹא יֵעָנֵשׁ שׁוּם אָדָם בִּסְבָתִי. יְהִי רָצוֹן מִלְּפָנֶיךָ
בֵּין בְּגִלְגּוּל אַחֵר - לְכָל־בַּר

שֶׁלֹּא אֶחֱטָא עוֹד (וְלֹא אֶחֱזוֹר בָּהֶם, וְלֹא אָשׁוּב עוֹד
יהוה אֱלֹהַי וֵאלֹהֵי אֲבוֹתַי,
וּמַה־שֶּׁחָטָאתִי לְפָנֶיךָ מְחוֹק בְּרַחֲמֶיךָ הָרַבִּים, אֲבָל
לְהַכְעִיסֶךָ וְלֹא אֶעֱשֶׂה הָרַע בְּעֵינֶיךָ).
(시 19:14)יִהְיוּ לְרָצוֹן אִמְרֵי־פִי וְהֶגְיוֹן לִבִּי לְפָנֶיךָ,
לֹא עַל־יְדֵי יִסּוּרִים וָחֳלָיִים רָעִים.
יהוה צוּרִי וְגֹאֲלִי.

הָעוֹלָם הַמַּפִּיל חֶבְלֵי שֵׁנָה עַל־עֵינָי, וּתְנוּמָה עַל־
בָּרוּךְ אַתָּה יהוה אֱלֹהֵינוּ, מֶלֶךְ
בַּת־עָיִן). וִיהִי רָצוֹן מִלְּפָנֶיךָ יהוה אֱלֹהַי וֵאלֹהֵי אֲבוֹתַי,
עַפְעַפָּי (וּמֵאִיר לְאִישׁוֹן
(לְחַיִּים טוֹבִים וּ). לְשָׁלוֹם (וְתֵן חֶלְקִי בְּתוֹרָתֶךָ, וְתַרְגִּילֵנִי
שֶׁתַּשְׁכִּיבֵנִי לְשָׁלוֹם וְתַעֲמִידֵנִי
לִדְבַר עֲבֵרָה: וְאַל תְּבִיאֵנִי לִידֵי חֵטְא וְלֹא לִידֵי נִסָּיוֹן,
לִדְבַר מִצְוָה, וְעַל תַּרְגִּילֵנִי

יֵצֶר הַטּוֹב, וְאַל יִשְׁלוֹט בִּי יֵצֶר הָרָע. וְתַצִּילֵנִי מִשָּׂטָן

슈마 본문 읽기 3 · 민수기 15:37~41

וְלֹא לִידֵי בִזָּיוֹן. וְיִשְׁלוֹט בִּי
יְבַהֲלוּנִי רַעְיוֹנַי, וַחֲלוֹמוֹת רָעִים, וְהִרְהוּרִים רָעִם.
וּמִפֶּגַע רָע וּמֵחֳלָיִים רָעִם). וְאַל
עֵינַי פֶּן אִישַׁן הַמָּוֶת. כִּי־אַתָּה הַמֵּאִיר לְאִישׁוֹן בַּת
וּתְהִי מִטָּתִי שְׁלֵמָה לְפָנֶיךָ. וְהָאֵר
עֵין. בָּרוּךְ אַתָּה יהוה, הַמֵּאִיר לָעוֹלָם כֻּלּוֹ בִּכְבוֹדוֹ.
אֵל מֶלֶךְ נֶאֱמָן:

취침 전 기도(The Bedtime Shema)

우주의 주인이시여, 제 심사를 뒤틀리게 하거나, 저를 적대하거나, 혹은 신체나 재산이나 혹은 명예 등, 그 무엇에 대해서라도, 우발적으로든 고의로든, 조심하지 못해서든, 말로든 행동이나 생각으로든, 이승에서든 저 세상에서든 제게 죄를 지은 유대인을 이젠 모두 용서하렵니다. 저 때문에 처벌 받는 이가 없게 하소서. 나와 선조의 하나님이 되신 여호와여, 뜻을 두시어 제가 더 이상 죄를 짓지 않게 하소서(같은 죄를 또 범하거나 주님의 심기를 불편케 하거나 혹은 하나님이 보시기에 악한 일을 행치 말게 하소서). 당신 앞에서 지은 죄는 무엇이든 한없는 자비로 도말하시어

183

고통을 받거나 병치레를 하지 않게 하소서.
시편 19:14 나의 반석이시오, 나의 구속자이신 여호와여 내 입의 말과 마음의 묵상이 주의 앞에 열납되기를 원하나이다.

우주의 통치자시며 하나님이신 여호와여, 주님은 거룩하십니다. 제 눈에 잠을 매고 졸음으로 눈을 감게 한 자가 누구오니이까(그리고 누가 제 눈동자에 빛을 비추시나이까). 나와 조상의 하나님이 되신 여호와여, 뜻을 두시어 평안히 잠들게 하시고 (선한 삶을 위해) 저를 평온히 일으키소서. (토라의 몫을 주시고 선을 행하는 습관을 주시고 악을 행하는 습관은 거두소서. 죄와 고난, 그리고 수치는 면케 하소서. 선한 성품이 나를 지배하게 하시고 악은 버리게 하소서. 환난과 악인의 공격 및 병에서 건지소서.) 사상과 나쁜 꿈과 생각으로 번민치 말게 하소서. 자손이 당신 앞에서 온전하길 원하며 잠든 가운데 죽지 않도록 제 눈을 비추소서 [눈동자에 빛을 비추시는 이가 하나님이시므로]. 영광으로 세상을 비추시는 여호와여, 당신은 거룩하십니다.

슈마 본문 읽기 3 · 민수기 15:37~41

קְרִיאַת שְׁמַע עַל הַמִּטָּה (크리아트 슈마 알 하미타) – 취침 전 기도

취침 직전에 낭독하는 슈마는 밤의 위험에서 보호해달라는 'שְׁמִירָה(슈미라)'로 통한다(슐한 아루흐, 쉘라, 조하르).

랍비 여호수아 벤 레위는 "회당에서[마리브 예식 때] 이미 슈마를 낭독했어도 침실에서 이를 재차 반복하는 것이 계명"이라고 주장했다(버라호트 4b).

랍비 이삭은 "침대에서 슈마를 낭송하는 자는 [밤의 악으로부터 보호함] 양날 검을 쥔 것과 같다. …… 이는 시편 149:5-6 성도들은 영광중에 즐거워하며 저희 침상에서 기쁨으로 노래할지어다. 그 입에는 하나님의 존영이요, 그 수중에는 두 날 가진 칼이로다)에서 유추할 수 있다."고 덧붙였다(버라호트 5a.

취침 전 기도의 핵심은 '하마필(the HaMapil) 축복기도'와 '슈마 1부'라고 볼 수 있으며 그 밖의 시편은 고대에서 기원을 찾을 수 있다(이를테면, 탈무드나 초기 율법세[콜 보Kol Bo 등)(엘리야 라바).

여성도 보호를 받아야하기에 취침 전 기도문을 낭독하는 관습을 따른다(ibid.; 프리 메가딤Pri Megadim).

서두: 타인을 용서하고 하나님의 용서와 보호를 간구하는 기도

잠을 청하기에 앞서 그날의 언행심사를 반성하라. 잘못이 있었다면 용서를 구하고 바른 길을 가도록 노력해야 한다. 또한 죄를 지은 타인은 용서하는 것이 바람직하다. 그래야 장수의 복을 얻을 것이다(미쉬나 버루라 239:1:9).

그래서 많은 유대인들이 용서의 기도를 드린 후에 슈마를 낭송한다.

בֵּין בְּגִלְגּוּל זֶה בֵּין בְּגִלְגּוּל אַחֵר(베인 버길굴 제 베인 버길굴 아헤이르) — 이승에서든 저 세상에서든 [직역하면, 이를 비롯한 또 다른 윤회(transmigration)]

'길굴(gilgul)'은 'גִּלְגּוּל נְשָׁשׁמוֹת(길굴 느샤모트[영혼의 이동])'를 가리키며 카발라 문헌의 대표적인 신비주의 교리(doctrine)다. 간단히 말하자면, 영혼이 지상에서 또 다른 생명으로 환생한다는 얘긴데, 사악한 자는 악행을 돌이키고 의인은 영혼의 '불꽃(sparks)'을 일으켜 후손에 비추기 위해 그런다고 한다. 이 개념은 '이붐(yibum, 미망인의 재혼상대자로 죽은 남편의 형제를 택하도록 하는 관습이나 법률)'에서도 찾아볼 수 있다. 죽은 남편의 형제와 재혼하면 망자의 영혼이 아이로 환생하는 것으로 알려졌다. 람반의 창세기 38:8 주석을 참고할 것. [소메아흐, Hil. 테슈바 5 c.v. וְיָדַעְתִּי(버야다티)도 아울러 참조]

הַמַפִּיל;;(하마필)

고대에 기원을 둔 축복기도를 일컫는다. 본문은 버라호트 60b에 기록된 것으로 괄호에는 누사흐 스파르드 시두림(Nusach Sfard siddurim)에 추가된 어구를 게재했다.

기도의 순서를 두고는 의견이 분분하다. 대다수의 기도책에 인쇄된 버전(본서에서 필자가 따르는)은 람밤 힐호스 테필라 7:1를 따라 '하마필' 기도와 슈마를 차례로 기록했다. 그러나 슐한 아루흐(오라흐 하임 239:1)에 따르면, (탈무드 버라호트 60b

를 따른 것으로 추정) 슈마를 낭송한 후 하마필 축도로 마치는 편이 더 낫다고 한다. 하마필이 수면에 접어드는 내용을 직접 언급했으니 될 수 있는 한 잠이 드는 순간과 가까운 때 낭송해야 한다는 것이다.

뿐만 아니라 슈마 다음에 하마필을 낭독하고 그 외의 시편 구절을 추가로 낭송해야 한다는 학자가 있는가 하면 하마필을 맨 나중에 읊어야 한다는 학자도 있는데, 후자의 입장이 비교적 다수를 차지하는 것 같다(미쉬네 버루라 239:1:23, 아루흐 하슐한).

하마필을 낭송한 후에는 식음이나 담화를 삼가고 바로 잠을 청해야 한다. 잠이 오지 않는다면 졸음이 올 때까지 슈마와 시편을 반복하면 된다(데레흐 하하임Derech HaChaim, 아루흐 하슐한).

ה(마필 הַמַּפִּיל חֶבְלֵי שֵׁנָה עַל־עֵינָי, וּתְנוּמָה עַל־עַפְעַפָּי
헤벌레이 쉐이나 알 에이나이 우트누마 알 아프아파이) — 제 눈에 잠을 매고 졸음으로 눈을 감게 한 자가 누구오니이까.

아침에 낭독하는 축도와 일맥상통한다. 즉, מֵעַפְעַפָּי הַמַעֲבִיר חֶבְלֵי שֵׁנָה מֵעֵינָי, וּתְנוּמָה(하마비르 헤벌레이 쉐이나 메이에이나이 우트누마 메이아프아파이, 제 눈에서 잠을 제거하시고 눈(꺼풀)에서 졸음을 취하신 자가 누구오니이까). 일상으로 돌아가게 하시고 잠을 주신 하나님께 감사한다.

'잠을 매는 줄(bonds of sleep)'은 잠이 몸을 안전하게 채워진 것을 빗댄 말이다. 혹자는 חֶבְלֵי שֵׁנָה(헤벌레이 쉐이나)'를 잠의 '일부(portion)'로 옮기기도 한다[신 32:9, 히즈쿠니, 아부드라함Abudraham 참고].

하마필과, 그에 대응되는 아침기도는 개인의 복리(well-being)에 주안점을 두어 '1인칭 단수'로 기록했다[마겐 아브라함 46:4 비교](랍비 허쉬).

וּמֵאִיר לְאִישׁוֹן בַּת־עָיִן(우메이르 러이숀 바트 아인)—그리고 누가 제 눈동자에 빛을 비추시나이까. 아래 s.v. הַמֵאִיר(하메이르, 누가 빛을 비추시나이까) 참고)

שֶׁתַּשְׁכִּיבֵנִי לְשָׁלוֹם ...... וְאַל יְבַהֲלוּנִי רַעְיוֹנַי(쉐타슈키베이니 러샬롬 ...... 버알 여바할루니 라요나이) — 평안히 잠들게 하시고 ...... 번민이 없게 하소서.

우선 물리적인 위험뿐 아니라 — שֶׁתַּשְׁכִּיבֵנִי לְשָׁלוֹם(쉐타슈키베이니 러샬롬) — 마음과 영혼의 평안을 위협하는 번민에서 (וְאַל יְבַהֲלוּנִי גו׳, 버알 여바할루니) 보호해달라는 내용이다. 눈을 떴을 때 침투하는 잡념과 망상רַעְיוֹנוֹת(라요노트)]이 악몽이나 불순한 꿈을 불러일으키지 않도록 기도해야 한다. 이는 꿈이 아닌 생시에도 순수한 사고와 감정을 위협할 것이다.

וּתְהִי מִטָּתִי שְׁלֵמָה(우트히 미타티 슐레이마) — 자손이 당신 앞에서 온전하길 원하며 [직역하면 부부의 침대가 온전하길 바라며] 탈무드[페사힘 56]에 기원을 둔 어구로 후손이 온전하길 바란다는 뜻이다. 이는 본래 — 사악한 아들(이스마엘과 에서)을 둔 아브라함과 이삭과는 달리 — 자손이 모두 의로운 족장 야곱을 일컫는 말이었다. 라쉬의 창 47:31 주석 참고.

וְהָאֵר עֵינַי פֶּן אִישַׁן הַמָּוֶת(버하에이르 에이나이 펜 이샨 하마베

트)—잠든 가운데 죽지 않도록 제 눈을 비추소서

시편 13:4와 탈무드 57b의 금언("잠은 죽음의 60분의 1")을 참고하라. 잠이 들면 죽은 자와 같이 흑암에 있으나 전에도 그러셨듯이 하나님은 영혼을 지키신다. 따라서 우리는 죽음의 잠에 빠지지 않도록 아침의 역동적인 빛을 주십사고 간구한다.

הַמֵאִיר לְאִישׁוֹן בַּת עַיִן (하메이르 러이숀 바트 아인) — 그리고 누가 제 눈동자에 빛을 비추시나이까

אִישׁוֹן(이숀)과 בַּת עַיִן(바트 아인)은 '동공'과 뜻이 같으며 관용적으로는 눈의 '공(apple)'으로 부르기도 한다. 본디 '시편 17:8(샴레이니 커이숀, 나를 눈동자 같이 지키시고)'에서 차용한 구절이다[ArtScroll 주석 참고].

잠을 청할 땐 눈동자가 어두워지나 잠이 들어 안식하면 눈은 '밝아진다(아부드라함).'

שְׁמַע יִשְׂרָאֵל יהוה אֱלֹהֵינוּ יהוה אֶחָד (신명기 6:4)
בָּרוּךְ שֵׁם כְּבוֹד מַלְכוּתוֹ לְעוֹלָם וָעֶד (페사힘 56a)

(신명기 6:5~9)

וּבְכָל־נַפְשְׁךָ וּבְכָל־מְאֹדֶךָ: וְהָיוּ הַדְּבָרִים הָאֵלֶּה
וְאָהַבְתָּ אֵת יהוה אֱלֹהֶיךָ בְּכָל־לְבָבְךָ
וְשִׁנַּנְתָּם לְבָנֶיךָ וְדִבַּרְתָּ בָּם בְּשִׁבְתְּךָ בְּבֵיתֶךָ וּבְלֶכְתְּךָ
אֲשֶׁר אָנֹכִי מְצַוְּךָ הַיּוֹם עַל־לְבָבֶךָ:
וּקְשַׁרְתָּם לְאוֹת עַל־יָדֶךָ וְהָיוּ לְטֹטָפֹת בֵּין עֵינֶיךָ: וּכְתַבְתָּם
בַדֶּרֶךְ וּבְשָׁכְבְּךָ וּבְקוּמֶךָ:
עַל־מְזוּזֹת בֵּיתֶךָ וּבִשְׁעָרֶיךָ:

(시편 90:17)

עָלֵינוּ וּמַעֲשֵׂה יָדֵינוּ כּוֹנְנָה עָלֵינוּ וּמַעֲשֵׂה יָדֵינוּ כּוֹנְנֵהוּ
וִיהִי נֹעַם אֲדֹנָי אֱלֹהֵינוּ

(신명기 6:4) 슈마 이스라엘 하쉐임 엘로헤이누 하쉐임 에하드

이스라엘아 들으라. 여호와는 [지금] 우리 하나님이시며 [앞으로도 계속]

유일하신 여호와이시니

(페사힘 56a) 바루흐 쉐임 커보드 말후토 르올람 바에드

주님의 영광스런 왕국의 성호는 영원히 거룩할지어다

신명기 6:5~9

너는 마음을 다하고, 성품을 다하고, 힘을 다하여 네 하나님 여호와를 사랑하라. 오늘날 내가 네게 명하는 이 말씀을 너는 마음에 새기고, 네 자녀에게 부지런히 가르치며 집에 앉았을 때에든지, 길에 행할 때에든지, 누웠을 때에든지, 일어날 때에든지, 이 말씀을 강론할 것이며, 너는 또 그것을 네 손목에 매어 기호를 삼으며, 네 미간에 붙여 표를 삼고 또 네 집 문설주와 바깥문에 기록할지니라.

시편 90:17

주 우리 하나님의 은총을 우리에게 임하게 하사 우리 손의 행사를 우리에게 견고케 하소서 우리 손의 행사를 견고케 하소서.

שְׁמַע(슈마)

[어구별 주석은 __~__ 페이지를 참조할 것]

적절한 때[이를테면, 별이 보인 이후] 저녁 마리브 예식에서 슈마(evening Shema)를 낭송한 자는 1부만 읽어도 되나, 심야가 되기 전에[아주 어두워지기 전에] 마리브 기도를 낭독한 자는 슈마의 세 부분을 모두 낭송하는 것이 율법적인 관습이다. 한편, 마리브의 낭독 여부와는 관계없이 슈마 1, 2, 3부는 매일 저녁때 낭독하고 나서 잠자리에 들어야 한다는 권위자들도 있다. 그들은 248단어로 된 슈마가 장기(organs)를 보호해준다고 믿기 때문이다. 그러나 탈무드(버라호트 60b)가 1부만 언급했으므로 그것으로 충분할 것이다[앞에서 언급했듯이, 3부를 모두 낭독해야 하는 마리브는 예외](아루흐 하슐한, 오라흐 하임 239, 아부드라함, 라쉬, 버라호트 2a)

יֵשֵׁב בְּסֵתֶר ...... וִיהִי נֹעַם(비히 노암 ...... 요쉐이브 버세이테르) / 시편 90:17~91:1

잠자리에 들기 전, 시편 3과 90편을 낭독하는 것은 탈무드에 언급된 내용이다(샤부오트 15b). 이를 가리켜 'שִׁיר שֶׁל פְּגָעִים(쉬르 쉘 프가임, Song Against Evil Occurrences, 악을 경계하는 노래)' 혹은 'שִׁיר שֶׁל נְגָעִים(쉬르 쉘 느가임, Song Against Plagues, 저주를 경계하는 노래)'이라고 하며, 해가 되는 기운이나 세력 따위에서 보호해달라는 기도다[람밤, Hol, 아보다트 코하빔 11:12].

תְּפִלָּה לְמֹשֶׁה(트필 ...... וִיהִי נֹעַם(비히 노암, 은총이 임하게 하소서)은

라 러모쉐, 모세의 기도)'로 시작되는 시편 90의 마지막 절로, 성막이 완공됐을 때 그가 지은 것이다. 마지막 절에서 모세는 주님이 저들의 예배(service, 섬김)를 기쁘게 받으시어 그 결과가 영원하길 짤막하게 간구했다(따라서 취침 전에 낭송하기에 적절하다).

시편 91 역시 모세가 작품으로 위험에서 우리를 지켜달라는 기도시다. 5절에서 '밤의 공포를 두려워 말라.'는 말씀에 근거하여 잠자리에 들기 전에 낭독하기에 적절하다고 여겼다.
[시편 주석은 랍비 아브로홈 하임 퓨어(Avrohom Chaim Feuer)가 ArtScroll 시편Tehillim에서 수집한 것을 게재했다.]

וִיהִי נֹעַם אֲדֹנָי אֱלֹהֵינוּ(비히 노암 하쉐임 엘로헤이누) — 주 우리 하나님의 즐거움을

נֹעַם(노암, 즐거움)은 무언가를 성취했을 때 상대방이 느끼는 은총을 일컫는다. 성취감은 사람만 만끽하는 것이 아니다. 하나님도 당신의 뜻이 성취되었을 때 만족하신다(말빔).

וּמַעֲשֵׂה יָדֵינוּ כּוֹנְנָה עָלֵינוּ(우마아세 야데이누 콘나 알레이누)
— 우리 손의 행사를 견고케 하소서

물리적인 세계에서는 공예가가 작품을 완성하면 그는 (어떤 의미에서) 작품에 의존하게 된다. 이를테면, 건물은 땅을 의지하고 이를 세운 건축가는 자신의 창조물을 보금자리로 삼아야 하는 것과 같은 이치다. 그러나 영적인 세계에서는 그 반대가 옳다. 토라를 연구하면 생각이 성숙해지고 계명에 열정을 쏟을수록 영적인 만족이 증대된다. 따라서 우리의 행사가 하나님의 기쁨이 되고 당신이 그 행사를 '견고케'하시기를 기도해야 한다(말빔).

(시편 91:1-16)

יִתְלוֹנָן. אֹמַר לַיהוָה, מַחְסִי וּמְצוּדָתִי, אֱלֹהַי אֶבְטַח־בּוֹ.
יֹשֵׁב בְּסֵתֶר עֶלְיוֹן, בְּצֵל שַׁדַּי
מִדֶּבֶר הַוּוֹת. בְּאֶבְרָתוֹ יָסֶךְ לָךְ, וְתַחַת־כְּנָפָיו תֶּחְסֶה, צִנָּה
כִּי הוּא יַצִּילְךָ מִפַּח יָקוּשׁ,
לַיְלָה, מֵחֵץ יָעוּף יוֹמָם. מִדֶּבֶר בָּאֹפֶל יַהֲלֹךְ, מִקֶּטֶב

וְסֹחֵרָה אֲמִתּוֹ. לֹא־תִירָא מִפַּחַד
וּרְבָבָה מִימִינֶךָ, אֵלֶיךָ לֹא יִגָּשׁ. רַק בְּעֵינֶיךָ תַבִּיט,
יָשׁוּד צָהֳרָיִם. יִפֹּל מִצִּדְּךָ אֶלֶף,
יהוה מַחְסִי, עֶלְיוֹן שַׂמְתָּ מְעוֹנֶךָ. לֹא־תְאֻנֶּה אֵלֶיךָ רָעָה,
וְשִׁלֻּמַת רְשָׁעִים תִּרְאֶה. כִּי־אַתָּה
יְצַוֶּה־לָּךְ, לִשְׁמָרְךָ בְּכָל־דְּרָכֶיךָ. עַל־כַּפַּיִם יִשָּׂאוּנְךָ,
וְנֶגַע לֹא־יִקְרַב בְּאָהֳלֶךָ. כִּי מַלְאָכָיו
עַל־שַׁחַל וָפֶתֶן תִּדְרֹךְ, תִּרְמֹס כְּפִיר וְתַנִּין. כִּי בִי חָשַׁק
פֶּן־תִּגֹּף בָּאֶבֶן רַגְלֶךָ.
וְאֶעֱנֵהוּ, עִמּוֹ־אָנֹכִי בְצָרָה אֲחַלְּצֵהוּ וַאֲכַבְּדֵהוּ. אֹרֶךְ
אֲשַׂגְּבֵהוּ, כִּי־יָדַע שְׁמִי. יִקְרָאֵנִי
בִּישׁוּעָתִי. אֹרֶךְ יָמִים אַשְׂבִּיעֵהוּ, וְאַרְאֵהוּ בִּישׁוּעָתִי.
יָמִים אַשְׂבִּיעֵהוּ, וְאַרְאֵהוּ

시편 91

지존자의 은밀한 곳에 거하는 자는 전능하신 자의 그늘 아래 거하리로다. 내가 여호와를 가리켜 말하기를 저는 나의 피난처요, 나의 요새요, 나의 의뢰하는 하나님이라 하리니, 이는 저가 너를 새 사냥군의 올무에서와 극한 염병에서 건지실 것임이로다. 저가 너를 그 깃으로 덮으시리니 네가 그 날개 아래 피하리로다. 그의 진실함은 방패와 손 방패가 되나니 너는 밤에 놀람과 낮에 흐르는 살과 흑암 중에 행하는 염병과 백주에 황폐케 하는 파멸을 두려워 아니하리로다. 천인이 네 곁에서, 만인이 네 우편에서 엎드러지나 이 재앙이 네게 가까이 못하리로다. 오직 너는 목도하리니 악인의 보응이 네게 보이리로다. 네가 말하기를 여호와는 나의 피난처시라 하고 지존자로 거처를 삼았으므로 화가 네게 미치지 하며 재앙이 네 장막에 가까이 오지 못하리니, 저가 너를 위하여 그 사자들을 명하사 네 모든 길에 너를 지키게 하심이라. 저희가 그 손으로 너를 붙들어 발이 돌에 부딪히지 않게 하리로다. 네가 사자와 독사를 밟으며 젊은 사자와 뱀을 발로 누르리로다. 하나님이 가라사대 저가 나를 사랑한즉 내가 저를 건지리라. 저가 내 이름을 안즉 내가 저를 높이리라. 저가 내게 간구하리니 내가 응답하리라. 저희 환난 때에 내가 저와 함께하여 저를 건지고 영화롭게 하리라. 내가 장수함으로 저를 만족케 하며 나의 구원으로 보이리라 하시도다.

〈본문〉

יֹשֵׁב בְּסֵתֶר (요쉐이브 버세이테르) / 시편 91

יֹשֵׁב בְּסֵתֶר עֶלְיוֹן (요쉐이브 버세이테르 엘리욘) — 지존자의 은밀한 곳에 [직역하면 '은폐 혹은 기밀장소'] 거하는 자는 누구든지

세상적인 보호처(conventional forms of protection)를 무시하고 지극히 높으신 하나님께서 베푸시는 피난처만 구하는 사람은 믿음의 상급을 얻을 것이다. 주님은 그가 거룩함과 지혜를 구하고 그를 해코지하려는 자들을 두려워하지 않게 하시려고 그를 채우실 테니 말이다. "그는 전능하신 하나님의 그림자에 거하리로다(라쉬)"

אֹמַר לַיהוָה מַחְסִי וּמְצוּדָתִי(오마르 라하쉐임 마흐시 움쭈다티)
— 내가 여호와를 가리켜 말하기를 저는 나의 피난처요, 나의 요새요

지존자의 은밀한 곳에 거하는 경건한 자는 하나님이 모든 물리적인 위협과 적으로부터 보호하시는 피난처시며 요새라는 것을 분명히 선포할 것이다(라닥, 스포르노).

לֹא־תִירָא מִפַּחַד לָיְלָה(로 티라 미파하드 라옐라) — 너는 밤의 공포를 두려워하지 말라

하나님을 믿는 자는 마음속에서 두려움이 사라질 것이다(라쉬).

וְנֶ֖גַע לֹא־יִקְרַ֥ב בְּאׇהֳלֶֽךָ(버네가 로 이크라브 버아할레하) — 재앙이 네 장막에 가까이 오지 못하리니

탈무드(산헤드린 103a)는 이를 가내의 축복이라고 해석했다[장막이 가정을 상징하므로]. '불미스런 일로 당신 얼굴에 먹칠은 하지 않을 제자와 아이를 두시길……'

לִשְׁמׇרְךָ֖ בְּכׇל־דְּרָכֶֽיךָ(리슈마르하 버콜 드라헤이하) — 네 모든 길에 너를 지키게 하심이라

탈무드(하기가 16a)는 이 천사가 수호자인 동시에 감찰자도 된다고 기록했다. 즉, 그가 보호하는 사람의 일거수일투족을 감찰하여 사후(after death) 천상의 법정에서 이를 증언한다는 것이다.

עַל־כַּפַּ֥יִם יִשָּׂא֖וּנְךָ(알 카파임 이사운하) — 저희가 그 손바닥으로 너를 붙들어

우리 손으로 행하는[자선이나 친절을 베푸는 등] 계명으로 창조된 천사들(the angels created by the mitzvos)이, 은폐한 위험에서 당신을 건질 것이다(높이 올릴 것이다, 제라 야코브Zera Yaakov).

וְאַרְאֵהוּ בִּישׁוּעָתִי(버아르에이후 비슈아티) — [나는] 또한 나의 구원을 그에게 보이리라

메시아가 출현하고, 죽은 자가 부활하는 때, 곧 내세(the World to Come)의 구원이 있을 때 그는 나의 구원을 직접 목격하기 위해 살아갈 것이다(라닥).

사실, 구원이 필요한 쪽은 하나님이 아니라 이스라엘이나, 주님은 이스라엘의 구원이 곧 그의 구원이라는 점을 강조하기 위해 이스라엘의 승리를 '나의 구원(My salvation)'이라고 말씀하셨다(미드라쉬 쇼헤르 토브Midrash Shocher Tov). 하나님은 세상에 임하시길 몹시 바라신다. 그러나 이스라엘이 없고, 믿음의 공동체가 없다면 하나님의 영광이 드러날 곳이 없으므로 주님의 현현을 느낄 자 역시 아무도 없을 것이다. 따라서 이스라엘의 구원은 하나님께도 득이 된다는 얘기다(테힐로트 하쉐임Tehillos Hashem).

마지막 절을 반복한 '카발라식(Kabbalistic, 유대교 신비주의) 이유'는 리쿠테이 마하리아흐(Likutei Mahariach)를 참고할 것.

(시편 3:1~8)

עָלַי. רַבִּים אֹמְרִים לְנַפְשִׁי, אֵין יְשׁוּעָתָה לּוֹ בֵאלֹהִים
יהוה מָה־רַבּוּ צָרָי, רַבִּים קָמִים
כְּבוֹדִי וּמֵרִים רֹאשִׁי. קוֹלִי אֶל־יהוה אֶקְרָא וַיַּעֲנֵנִי מֵהַר
סֶלָה. וְאַתָּה יהוה מָגֵן בַּעֲדִי,
קָדְשׁוֹ סֶלָה. אֲנִי שָׁכַבְתִּי וָאִישָׁנָה, הֱקִיצוֹתִי, כִּי יהוה
קוֹלִי אֶל־יהוה אֶקְרָא וַיַּעֲנֵנִי מֵהַר
אֲשֶׁר סָבִיב שָׁתוּ עָלָי. קוּמָה יהוה, הוֹשִׁיעֵנִי אֱלֹהַי,
יִסְמְכֵנִי. לֹא־אִירָא מֵרִבְבוֹת עָם
רְשָׁעִים שִׁבַּרְתָּ. לַיהוָה הַיְשׁוּעָה, עַל־עַמְּךָ בִרְכָתֶךָ סֶּלָה.
כִּי־הִכִּיתָ אֶת־כָּל־אֹיְבַי לֶחִי, שִׁנֵּי

(시두르 마리브)

וְהַעֲמִידֵנוּ מַלְכֵּנוּ לְחַיִּים (טוֹבִים וּלְשָׁלוֹם). וּפְרוֹשׂ עָלֵינוּ
הַשְׁכִּיבֵנוּ יהוה אֱלֹהֵינוּ לְשָׁלוֹם
טוֹבָה מִלְּפָנֶיךָ. וְהוֹשִׁיעֵנוּ (מְהֵרָה) לְמַעַן שְׁמֶךָ. וְהָגֵן
סֻכַּת שְׁלוֹמֶךָ. וְתַקְּנֵנוּ בְּעֵצָה
דֶּרֶךְ וְחֶרֶב וְרָעָב וְיָגוֹן. וְהָסֵר שָׂטָן מִלְּפָנֵינוּ וּמֵאַחֲרֵינוּ.

슈마 본문 읽기 3 · 민수기 15:37~41

בַּעֲדֵנוּ, וְהָסֵר מֵעָלֵינוּ אוֹיֵב
שׁוֹמְרֵנוּ וּמַצִּילֵנוּ אָתָּה, כִּי אֵל מֶלֶךְ חַנּוּן וְרַחוּם אָתָּה.
וּבְצֵל כְּנָפֶיךָ תַּסְתִּירֵנוּ. כִּי אֵל
וּשְׁמוֹר צֵאתֵנוּ וּבוֹאֵנוּ לְחַיִּים וּלְשָׁלוֹם מֵעַתָּה וְעַד עוֹלָם.

(시두르 마리브, 욥기 12:10, 시편 31:6)

בַּלַּיְלָה, בָּרוּךְ יהוה בְּשָׁכְבֵנוּ, בָּרוּךְ יהוה בְּקוּמֵנוּ. כִּי
בָּרוּךְ יהוה בַּיּוֹם, בָּרוּךְ יהוה
־תִים. אֲשֶׁר בְּיָדוֹ נֶפֶשׁ כָּל־חָי וְרוּחַ כָּל־בְּשַׂר־אִישׁ. בְּיָדְךָ
בְּיָדְךָ נַפְשׁוֹת הַחַיִּים וְהַמֵּ־
אֵל אֱמֶת. אֱלֹהֵינוּ שֶׁבַּשָּׁמַיִם יַחֵד שִׁמְךָ וְקַיֵּם מַלְכוּתְךָ
אַפְקִיד רוּחִי פָּדִיתָה אוֹתִי יהוה
תָּמִיד, וּמְלוֹךְ עָלֵינוּ לְעוֹלָם וָעֶד.

시편 3:1~8

여호와여, 나의 대적이 어찌 그리 많은지요! 일어나 나를 치는 자가 많소이다. 많은 사람이 있어 나를 가리켜 말하기를 저는 하나님께 도움을 얻지 못한다 하나이다. (셀라) 여호와여 주는 나의 방패시오, 나의 영광이시오, 나의 머리를 드시는 자니이다. 내가 나의 목소리로 여호와께 부르짖으니 그 성산에서 응답하시는도다. (셀라) 내가 누워 자고 깨었으니 여호와께서 나를 붙드심이로다. 천만인이 나를 둘러치려 하여도 나는 두려워 아니하리이다. 여호와여 일어나소서. 나의 하나님이여, 나를 구원하소서. 주께서 나의 모든 원수의 뺨을 치시며 악인의 이를 꺾으셨나이다. 구원은 여호와께 있사오니 주의 복을 주의 백성에게 내리소서. (셀라)

시두르 마리브

평화로이 잠들게 하소서, 여호와 하나님. 우리 왕이여. 왕이시여, (선한) 삶(과 평화)로 우리를 일으키시고 당신의 평화로운 보금자리를 우리 위에 퍼뜨리소서. 당신의 임재 앞에서 선한 훈계로 우리를 바르게 세우시며 당신의 이름을 위하여 (속히) 우릴 구원하소서. 대적과 재앙, 칼, 기근 및 우환뿐 아니라 앞뒤에서 우리를 호시탐탐 노리는 영적인 장애물도 제거하소서. 당신의 날개아래 늘어진 그림자로 우리를 은신케 하소서. 우릴 보호하시고 구원하시는 하나님이 당신이시며, 자비하시고 긍휼을 베푸시는 하나님 또한 당신이기 때문입니다. 평화와 안식을 위해 지금부터 영원까지 저희의 왕래를 지키소서.

시두르 마리브

여호와는 낮에도 거룩하시고 밤에도 거룩하십니다. 잠을 청할 때도 여호와는 거룩하시며 일어날 때도 여호와는 거룩하십니다.

욥기 12:10

생물들의 혼과 인생들의 영이 다 그의 손에 있기 때문입니다. 주님의 손에는 모든 피조물과 인간의 영혼이 있습니다.

시편 31:6

내가 나의 영을 주의 손에 부탁하나이다. 진리의 하나님 여호와여, 나를 구속하셨나이다. 하늘에 계신 우리 하나님이시여, 유일하신 이름을 보이시고, 당신의 나라를 영원히 세우시며, 우리를 영원토록 다스리소서.

יהוה מָה־רַבּוּ צָרָי (하쉐임 마 라부 짜라이) / 시편 3

첫 구절('다윗이 그의 아들 압살롬을 피할 때에 지은 시')에서 다윗이 지은 시라는 것을 알 수 있다. 당시 그는 하나님이 주신 영적인 감흥을 통해 자신이 구원을 받으리라는 것을 직감했으리라. 이를 저녁에 낭독하는 까닭은 5절('내가 누워 자고 깨었으니 여호와께서 나를 붙드심이로다.')을 보면 알 수 있다. 또한 '압살롬의 반역'에 대한 역사적인 배경지식 없이는 시를 이해할 수 없으므로 삼하 15~19장에서 자세한 내막을 살펴보라.

סֶלָה(셀라) — 셀라

이해하기가 어려운 구절 중 하나다. 탈굼과 머쭈다트 지온(Metzudas Zion)은 이를 '영원히(forever)'로 옮긴 탓에 우리는 본문을 '구원이 영원히 없다.'고 읽는다. 탈무드(에루빈 54a)도 이를 지지한다.

이븐 에즈라는 סֶלָה(셀라)가 앞 구절을 재확인할 때 쓴다고 밝혔다(이를테면, "앞서 언급된 말씀은 모두 진실하고 분명하다"). 라닥과 에즈라에 따르면, 시편을 노래하는 사람들에게 연주되는 악기도 '셀라'며 목소리를 높이거나 강조할 때 쓰인다고 한다.

קוֹלִי אֶל־יהוה אֶקְרָא וַיַּעֲנֵנִי(콜리 엘 하쉐임 에크라 바야아네이니) — 내가 나의 목소리로 여호와께 부르짖으니 그분이 응답하셨다

이븐 에즈라는 이를 앞 절과 연결하여, 다윗이 하나님을

슈마 본문 읽기 3 · 민수기 15:37~41

방패로 인정한 까닭은 "하나님께 진심으로 아뢴다면 굳이 참전하지 않고도 승리할 수 있다." 믿었기 때문이라고 해석했다.

וַיַּעֲנֵנִי(바야아네이니) — 그리고 그분이 내게 응답하셨다
과거시제에 주목해보자. 다윗은 하나님의 응답을 굳게 믿은 탓에 기도하면 무슨 소원이든 성취되리라고 확신했다. 따라서 그의 기도가 이미 응답된 것처럼 기록한 것이다(라닥).

אֲנִי שָׁכַבְתִּי וָאִישָׁנָה(아니 샤하브티 바이샤나) — 내가 누워 자고
다윗은 절망의 흑암 속에서 두려움으로 온몸이 마비된 채 잠에 빠지고 말았다(라쉬).

הֱקִיצוֹתִי(하키쪼티) — 그러나 내가 잠을 깼다!
근심의 잠에서 깨어 하나님의 도우심을 확신했다(라쉬).

קוּמָה יְהוָה הוֹשִׁיעֵנִי אֱלֹהַי(쿠마 하쉐임 호쉬에이니 엘로하이)
— 여호와여 일어나소서. 나의 하나님이여, 나를 구원하소서!

"내겐 요동치 않는 믿음이 있기에 나를 건지심이 마땅합니다(머쭈도트)."

עַל־עַמְּךָ בִרְכָתֶךָ(알 암하 비르하테하) — 주의 복을 주의 백성에게 내리소서

"당신의 거룩함을 선포하고 구원을 감사하기 위해 ……(라쉬)." [즉, 하나님은 인간의 기도와 감사로부터 힘을 얻으시기 때문에 인간이 생사화복을 주장하시는 하나님께 감사하면 우주의 안위가 보장된다는 것이다.]

הַשְׁכִּיבֵנוּ / 하쉬키베이누(Hashkiveinu)
마리브 예식의 기도는 밤의 두려움과 관련된 위험과 고통에서 우리를 보호하시는 구원자 하나님을 그렸다(세데르 하욤 Seder HaYom).

הַשְׁכִּיבֵנוּ …… לְשָׁלוֹם(하쉬키베이누 …… 러샬롬) — 평안히 잠들게 하소서

몸의 기운을 재충전하여 하나님을 더 잘 섬기려고 자는

슈마 본문 읽기 3 · 민수기 15:37~41

것이다(랍비 허쉬).

וּפְרוֹשׂ עָלֵינוּ(우프로스 알레이누) — 우리 위에 퍼뜨리소서
저녁때는 찌찌트 계명이 적용되지 않으므로 낮에 우리를 둘러싼 계명은 이제 벗겨진 셈이다. 찌찌트가 없는 대신 평안의 축복을 우리 위에 퍼뜨려달라고 기도한다(미드라쉬 테힐림 86:1).

וְתַקְּנֵנוּ בְּעֵצָה טוֹבָה(버타크네누 버에이짜 토바) — 선한 훈계로 우리를 바르게 세우시며
다음날을 계획하는 데 도움을 주시고 밤의 안식으로 명쾌한 판단력을 발휘하게 하소서(랍비 허쉬).

מִלְּפָנֵינוּ וּמֵאַחֲרֵינוּ(밀파네이누 우메이아하레이누) — 우리 앞뒤에서
과거의 여파와[우리 뒤] 앞으로 다가올[앞] 영적인 위험에서 우리를 보호하소서(랍비 허쉬).
악한 성향은 우리가 계획을 세울라치면 "죄는 보탬이 되지

만 덕은 아무짝에도 쓸모가 없다."며 유혹하고, 과거의 잘못을 회개할라치면 "죄는 누구나 저지르게 마련이며 지금 그래봐야 아무 소용이 없다."고 구슬린다(시아흐 이삭).

בָּרוּךְ יהוה בַּיּוֹם(바루흐 하쉐임 바욤) — 추가 구절

인간의 찬송과 간구에 주안점을 둔 이 구절은 마리브 예배때 낭독한다. 탈무드[버라호트 4a, 토사포트 참괴는 이를 גְּאוּלָה אֲרִכְתָּא(그울라 아리흐타)'라고 하여 앞 절에 언급된 구원의 감사를 확장한 것으로 풀이했다. 또한 יהוה לְעוֹלָם בָּרוּךְ(바루흐 하쉐임 르올람)'으로 시작되는 기도 전문에는 '거룩한 이름(여호와)'이 18번 등장하는데, 이는 슈모네 에스레이(Shemoneh Esrei)에 기록된 열여덟 가지의 축도에 맞추기 위함이다. 기자는 하나님의 한없는 영광과 사랑 및 공의를 선포하며 모든 백성이 유일하신 하나님을 알게 해달라고 간구한다.

בְּיָדְךָ אַפְקִיד רוּחִי ……(버야드하 아프키드 루히) — 나의 영을 주의 손에 부탁하나이다[시편 31:6]

슈마 본문 읽기 3 • 민수기 15:37~41

탈무드(버라호드 5a)는 시편 31:6을 'פְּסוּקֵי דְרַחֲמֵי(프수키 드라하메이, 하나님의 자비를 노래한 구절)'로 분류한다. 이와 관련하여 조하르는 "매일 저녁, 우리는 잠을 청할 때 하나님께 자신을 맡긴다. 주님께 진 빚이 많음에도 당신은 그 대가로 영혼을 거두지 않으신다. 하나님은 'אֱמֶה(에메트, 진실로)' 영혼의 수호자시므로 아침에 이를 돌려주신다(커쪼트 하호쉔Ketzos HaChoshen 4:1)."고 이야기했다.

〈56~57페이지〉 (시두르 마리브)

נַפְשֵׁנוּ בִּישׁוּעָתֶךָ בֶּאֱמֶת, בֶּאֱמוֹר לְצִיּוֹן מָלַךְ אֱלֹהָיִךְ.
יִרְאוּ עֵינֵינוּ וְיִשְׂמַח לִבֵּנוּ, וְתָגֵל
וָעֶד. כִּי הַמַּלְכוּת שֶׁלְּךָ הִיא, וּלְעוֹלְמֵי עַד תִּמְלוֹךְ
יהוה מָלָךְ, יהוה יִמְלֹךְ לְעוֹלָם
בְּכָבוֹד, כִּי אֵין לָנוּ מֶלֶךְ אֶלָּא אָתָּה.

(창세기 48:16)

יְבָרֵךְ אֶת־הַנְּעָרִים וְיִקָּרֵא בָהֶם שְׁמִי וְשֵׁם אֲבֹתַי אַבְרָהָם
הַמַּלְאָךְ הַגֹּאֵל אֹתִי מִכָּל־רָע

וַיִּצְחָק וַיִּדְגּוּ לָרֹב בְּקֶרֶב הָאָרֶץ.

(출애굽기 15:26)
יְהוָה אֱלֹהֶיךָ וְהַיָּשָׁר בְּעֵינָיו תַּעֲשֶׂה וְהַאֲזַנְתָּ לְמִצְוֹתָיו
וַיֹּאמֶר אִם־שָׁמוֹעַ תִּשְׁמַע לְקוֹל
אֲשֶׁר־שַׂמְתִּי בְמִצְרַיִם לֹא־אָשִׂים עָלֶיךָ כִּי אֲנִי יהוה רֹפְאֶךָ.
וְשָׁמַרְתָּ כָּל־חֻקָּיו כָּל־הַמַּחֲלָה

(스가랴 3:2)
בְּךָ הַשָּׂטָן וְיִגְעַר יהוה בְּךָ הַבֹּחֵר בִּירוּשָׁלָםִ הֲלוֹא
וַיֹּאמֶר יְהוָה אֶל־הַשָּׂטָן יִגְעַר יְהוָה
זֶה אוּד מֻצָּל מֵאֵשׁ.

(아가 3:7–8)
סָבִיב לָהּ מִגִּבֹּרֵי יִשְׂרָאֵל. כֻּלָּם אֲחֻזֵי חֶרֶב מְלֻמְּדֵי
הִנֵּה מִטָּתוֹ שֶׁלִּשְׁלֹמֹה שִׁשִּׁים גִּבֹּרִים
מִלְחָמָה אִישׁ חַרְבּוֹ עַל־יְרֵכוֹ מִפַּחַד בַּלֵּילוֹת.

슈마 본문 읽기 3 · 민수기 15:37~41

시두르 마리브

두 눈으로 똑똑히 보기를 원합니다. 당신의 구원으로 저희 마음과 영혼에 큰 기쁨을 주소서. 시온이 "네 하나님이 다스리신다!"는 말을 들을 때, 여호와는 지금까지 그러셨듯이 앞으로도 영원토록 통치하실 것입니다. 왕국이 당신의 것이며 당신 외에는 왕이 없으므로 당신이 영광중에 영원히 다스리실 것입니다!

창세기 48:16

나를 모든 환난에서 건지신 사자께서 이 아이에게 복을 주시오며, 이들로 내 이름과 내 조부 아브라함과 아버지 이삭의 이름으로 칭하게 하시오며, 이들로 세상에서 번식되게 하시기를 원하나이다.

출애굽기 15:26

가라사대, 너희가 너희 하나님 나 여호와의 말을 청종하고, 나의 보기에 의를 행하며, 내 계명에 귀를 기울이며, 내 모든 규례를 지키면, 내가 애굽 사람에게 내린 모든 질병의 하나도 너희에게 내리지 아니하리니 나는 너희를 치료하는 여호와임이니라.

스가랴 3:2
여호와께서 사단에게 이르시되, 사단아 여호와가 너를 책망하노라. 예루살렘을 택한 여호와가 너를 책망하노라. 이는 불에서 꺼낸 그슬린 나무가 아니냐 하실 때에

아가 3:7~8
보라, 이는 솔로몬이 탄 가마로다. 이스라엘 용사 중 육십인이 옹위하였는데, 다 칼을 잡고 싸움에 익숙한 사람들이라. 밤의 두려움을 인하여 각기 허리에 칼을 찼느니라.

יִרְאוּ עֵינֵינוּ (이루 에이네이누)
마아리브 기도에서 차용한 것으로, 기자는 여호와의 왕국이 속히 세워지기를 바라고 있다.

הַמַּלְאָךְ (하말아흐) / 천사
다음은 하나님의 '자비'를 기록한 성경구절을 모았다. 첫 구절 '환난에서 건지신 사자께서'는 야곱이 손자 에브라임과 므낫세를 축복한 내용이다[창 48:16].

하나님의 '대리자' 외에는 권한이 없는 천사에게 했다기보다는 이를 파송하시는 하나님께 드린 기도라고 봐야 한다. 즉, "나를 악에서 건지기 위해 당신이 보내신 천사가 이들을 축복하는 것을 기뻐하소서[해석의 전문은 ArtScroll 창세기 48:16을 참고]."로 바꿀 수 있다.

וְיִקְרֵא בָהֶם שְׁמִי וכו'(버이카레이 바헴 슈미 vchv') — 내 이름과 조부 아브라함과 아버지 이삭의 이름으로 칭하게 하시오며

족장의 반열에 오르려고 안간힘을 쓰고 있는지도 모른다(랍비 아브라함 b. 하람밤).

하멕 다바르에 따르면, 세 족장은 세 가지(군사적 안보와 생계 및 내면의 평안과 조화)를 두고 하나님의 축복을 구했다고 한다.

וְיִדְגּוּ לָרֹב בְּקֶרֶב הָאָרֶץ(버이드구 라로브 버케레브 하아레쯔) — 이들로 땅의 물고기처럼 번식되게 하시기를 원하나이다

물고기처럼—번식력이 강하며 '악한 눈(Evil Eye, 상대를 해치거나 죽일 수 있는 능력을 지닌 것으로 믿어지는 눈초리로, 어린이와

동물이 피해를 당하기 쉽다고 여겨졌다—옮긴이)'이 해를 줄 수 없다[어류는 조용하고 눈에 띄지 않는 곳에 서식하기 때문이다. 인류도 수중 존재를 의식하며 살지 않으므로 이를 악한 눈으로 보지 않는다. 즉, 악한 눈은 시야에 감춰진 대상에는 악영향을 끼칠 수 없다는 얘기다(버라호트 20a 참고)]. 따라서 번성한 요셉의 자손도 악한 눈이 해를 주진 않았다(라쉬). 랍비 허쉬는 시두르(p. 726)에서, 어류의 생활은 조용하지만 인간이 상상조차 할 수 없을 만큼 만족스럽고 유쾌하다고 밝혔다. 그렇다면 유대인들도 하나님이 맡기신 처소에서 주변 사람들의 상상을 초월할 만큼 행복하고 평온한 삶을 살아야 마땅하지 않을까?

וַיֹּאמֶר אִם שָׁמוֹעַ תִּשְׁמַע (바요메르 임 샤모아 티슈마) – 가라사대, 너희가 부지런히 주의하면

출애굽기 15:26에서 비롯된 본문은 이스라엘 백성이 종살이 하던 애굽을 탈출하여 고된 광야 여정에 돌입할 당시, 모세가 유대인들에게 전파한 하나님의 권고다. 이 구절은 슈마 못지않게 중요한 토라 연구가 재앙을 몰아낸다는 탈무드

슈마 본문 읽기 3 · 민수기 15:37~41

[버라호트 5a]의 근거가 되기도 했다.

חֻקָּיו(후카브) — 그의 규례
이유를 따지지 않고 반드시 행해야 하는 어명과 같은 계명이다(라쉬).

כָּל־הַמַּחֲלָה אֲשֶׁר־שַׂמְתִּי בְמִצְרַיִם(콜 하마할라 아쉐르 삼티 버미쯔라임) — 내가 애굽에 내린 모든 질병(역병)
끝까지 충성하면 육체적인 고통을 당하지 않을 것이다(람반).

אֲנִי יְהוָה רֹפְאֶךָ(아니 하쉠임 로프에하) — 나는 너희를 치료하는 여호와니라
세상의 의사는 손조차 댈 수 없는 질병까지도(이븐 에즈라).
[하나님은 제일가는 치료자시다]
— 계명은 "탈이 날 것 같으면 아예 먹지 말라."고 조언해주는 의사처럼 너를 보호할 것이다(라쉬).
바꾸어 말하자면 "너희가 부지런히 청종하면 질병을 내리지

않을 것이나, 그러지 않으면 너희는 병에 걸릴 것이다. 하지만 사실(Nevertheless) — 나는 너희를 치료하는 여호와니라[이집트가 당한 질병과 같이 내가 치유할 수 없는 것은 없다(토라 테마마)]." (탈무드 산헤드린 101a)

וַיֹּאמֶר יהוה אֶל־הַשָּׂטָן (바요메르 하쉐임 엘 하사탄) — 그리고 여호와께서 사단에게 이르시되

본문은 스가랴 3:2와 — 대제사장 여호수아가 하나님의 천사 앞에 서있고 [천사를 비난하는] 사단은 그의 오른편에 서서 여호수아를 힐난한다 — 정황이 같다. 사단은 죄악이 관영한 자손을 방치하고 성전재건을 방해한다는 혐의로 여호수아를 책망했다. 그러나 하나님은 (예루살렘은 선택하신) 여호수아를 처음 '불에서 꺼낸 그슬린 나무'에 빗대며 사단을 꾸짖으셨다. 그는 느부갓네살의 풀무에서 기적적으로 살아날 만큼 하나님의 인정을 받은 위인이었다. 이 비유를 유대인 전체에 적용해 보면 그들 역시 포로생활의 '불'을 감내해왔기에 갓 그슬린 나무와 같다는 것이다. 따라서 그들은 책망보다는 구원을 받아 마땅하다.

슈마 본문 읽기 3 · 민수기 15:37~41

הִנֵּה מִטָּתוֹ(히네이 미타토) – 보라, 이는 솔로몬이 탄 가마로다. 아가(3:7~8, 해석 전문은 ArtScroll 주석을 참고)에서 따온 이 어구는 이집트에서 나온 60만(이를테면, 참전할 수 있는 강한 장정 60만)을 비유적으로 일컫는다. 그들은 토라에 충성하여 힘이 막강해졌다.

미드라쉬 주석은 "사람이 죄를 범하기 전에는 남들이 그를 경외하였으나 범죄 후에는 그들에 대한 공포와 두려움이 그를 짓밟았다."고 기록했다.

본문이 취침 전 슈마에서 제사장 축도(Priestly benediction, 아래 참조)와 함께 자리를 잡게 된 경위는 미드라쉬에서 찾을 수 있다(버미드바르 라바 11:3).

보라, 이는 솔로몬이 탄 가마로다 — 솔로몬은 하나님을 일컫는다. 주님이 샬롬[평화]의 주인이기 때문이다.

육십인이 옹위하였는데 — 하나님의 가마가 비르카트 코하님(Bircas Kohanim)의 60문자로 둘러싸인 것을 비유했다.

이스라엘 용사 중 ─ 축복이 이스라엘을 강건케 했다.

다 칼을 잡고 싸움에 익숙한 사람들이라 ─ 또한 토라에 기록된 모든 보복으로부터 이스라엘을 보호했다.

밤의 두려움을 인하여 각기 허벅지에 칼을 찼느니라 ─ 칼에 넓적다리가 베이는 꿈을 꿨다면 그는 속히 회당으로 달려가 제사장 앞에서 축도를 들어야 한다. 그래야 악이 그를 떠날 것이다.

〈58~59페이지〉(민수기 6:24~26)

יָאֵר יהוה פָּנָיו אֵלֶיךָ וִיחֻנֶּךָּ יִשָּׂא יהוה פָּנָיו אֵלֶיךָ
יְבָרֶכְךָ יהוה וְיִשְׁמְרֶךָ
יִשָּׂא יהוה פָּנָיו אֵלֶיךָ וְיָשֵׂם לְךָ שָׁלוֹם.

(시편 121:4)

הִנֵּה לֹא־יָנוּם וְלֹא יִישָׁן שׁוֹמֵר יִשְׂרָאֵל.

(창세기 49:18)

יהוה. קִוִּיתִי יהוה לִישׁוּעָתְךָ. יהוה לִישׁוּעָתְךָ קִוִּיתִי.
לִישׁוּעָתְךָ קִוִּיתִי

מִימִינִי מִיכָאֵל, וּמִשְּׂמֹאלִי גַּבְרִיאֵל, וּמִלְפָנַי אוּרִיאֵל,
בְּשֵׁם יהוה אֱלֹהֵי יִשְׂרָאֵל,
וּמֵאֲחוֹרַי רְפָאֵל וְעַל־רֹאשִׁי שְׁבִינַת אֵל.

(시편 128)

יהוה, הַהֹלֵךְ בִּדְרָכָיו. יְגִיעַ כַּפֶּיךָ כִּי תֹאכֵל, אַשְׁרֶיךָ
שִׁיר הַמַּעֲלוֹת אַשְׁרֵי כָּל־יְרֵא
בְּיַרְכְּתֵי בֵיתֶךָ, בָּנֶיךָ כִּשְׁתִלֵי זֵיתִים, סָבִיב לְשֻׁלְחָנֶךָ.
וְטוֹב לָךְ. אֶשְׁתְּךָ כְּגֶפֶן פֹּרִיָּה

יהוה. יְבָרֶכְךָ יהוה מִצִּיּוֹן, וּרְאֵה בְּטוּב יְרוּשָׁלָ͏ִם כֹּל
הִנֵּה כִי־כֵן יְבֹרַךְ גָּבֶר, יְרֵא
יְמֵי חַיֶּיךָ. וּרְאֵה־בָנִים לְבָנֶיךָ, שָׁלוֹם עַל־יִשְׂרָאֵל.

(시편 4:4)

וְאַל־תֶּחֱטָאוּ אִמְרוּ בִלְבַבְכֶם עַל־מִשְׁכַּבְכֶם וְדֹמּוּ סֶלָה.
רִגְזוּ

(시두라 샤하리트)

אֲדוֹן עוֹלָם אֲשֶׁר מָלַךְ, בְּטֶרֶם כָּל יְצִיר נִבְרָא.
לְעֵת נַעֲשָׂה בְחֶפְצוֹ כֹּל, אֲזַי מֶלֶךְ שְׁמוֹ נִקְרָא.
וְאַחֲרֵי כִּכְלוֹת הַכֹּל,לְבַדּוֹ יִמְלֹךְ נוֹרָא.
וְהוּא הָיָה וְהוּא הֹוֶה,וְהוּא יִהְיֶה בְּתִפְאָרָה.
וְהוּא אֶחָד וְאֵין שֵׁנִי, לְהַמְשִׁיל לוֹ לְהַחְבִּירָה.
בְּלִי רֵאשִׁית בְּלִי תַכְלִית,וְלוֹ הָעֹז וְהַמִּשְׂרָה.
וְהוּא אֵלִי וְחַי גֹּאֲלִי,וְצוּר חֶבְלִי בְּעֵת צָרָה.
וְהוּא נִסִּי וּמָנוֹס לִי,מְנָת כּוֹסִי בְּיוֹם אֶקְרָא.
בְּיָדוֹ אַפְקִיד רוּחִי,בְּעֵת אִישָׁן וְאָעִירָה.
וְעִם רוּחִי גְוִיָּתִי, יהוה לִי וְלֹא אִירָא.

민수기 6:24~26

여호와는 네게 복을 주시고, 너를 지키시기를 원하며, 여호와는 그 얼굴로 네게 비취사 은혜 베푸시기를 원하며, 여호와는 그 얼굴을 네게로 향하여 드사 평강 주시기를 원하노라 할지니라 하라.

시편 121:4
보라, 이스라엘을 지키시는 자는 졸지도 아니하고, 주무시지도 아니하시리로다.

창 49:18
여호와여 나는 주의 구원을 기다리나이다.

시편 128
여호와를 경외하며 그 도에 행하는 자마다 복이 있도다. 네가 네 손이 수고한대로 먹을 것이라. 네가 복되고 형통하리로다. 네 집 내실에 있는 네 아내는 결실한 포도나무 같으며 네 상에 둘린 자식은 어린 감람나무 같으리로다. 여호와를 경외하는 자는 이같이 복을 얻으리로다. 여호와께서 시온에서 네게 복을 주실지어다. 너는 평생에 예루살렘의 복을 보며 네 자식의 자식을 볼지어다. 이스라엘에게 평강이 있을지로다.

시편 4:4

너희는 떨며 범죄치 말지어다. 자리에 누워 심중에 말하고 잠잠할지어다.

(셀라)

시두르 샤하리트

만물이 창조되기 전부터 통치하신 우주의 주인이시여,

그분의 뜻이 만상을 지으셨을 때

그분의 이름이 '왕'이라 선포되었습니다.

만물의 존재가 끊어진 후에는

놀라우신 그분께서 홀로 다스리실 것입니다.

전에도 계셨고 지금도 계시며

광채를 두르시고 앞으로도 계실 것입니다.

주님은 한분이시며 - 어떤 것도

그와 동일하다고 선언하거나 견줄 수는 없습니다.

시작도 없고 끝도 없도다 -

그는 능력과 권세가 되십니다.

그는 나의 하나님이시며 살아계신 구원자시며

환난 날에는 고통의 반석이 되십니다.

그는 나의 깃발이시며 피난처시니,

내가 부를 날, 내 잔의 기업이십니다.

잠이 들 때와 - 깰 때

그의 손에 내 영혼을 맡기렵니다.

영혼과 육체가 함께 있고

여호와께서 나와 함께 하시니 두려워하지 않을 것입니다.

יְבָרֶכְךָ(여바레하) / 비르카트 코하님, 제사장 축도[민 6:24~26]
카발라식 해석에 따르면, 축도는 60개의 문자로 이루어졌으므로 전 단락에 언급된 60만과 대응된다는 점에서 시사하는 바가 크다. [주석 전문은 ArtScroll의 비르카트 코하님을 참고하라. 다음은 몇 가지 예시를 수록한 것이다]

여호와는 네게 복을 주시고 - 부와 장수의 복을 주시고(라쉬, 이븐 에즈라)

너를 지키시기를 원하며 - 강도로부터 보호하시길 원하며 (ibid)

여호와는 그 얼굴로 네게 비취사 — 토라의 빛을 네게 드러내시거나[즉, 성숙한 영성을 베푸심(시프레)] 토라 학자로 클 자녀를 주시거나(탄후마), 혹은 기도와 간구를 응답하시길 원하며(이븐 에즈라)

은혜 베푸시기를 원하며 — 타인의 눈에서 은혜(헤인)를 발견하거나(시프레) 하나님의 눈에서 은혜를 발견하길 원하며(람반)

여호와는 그 얼굴을 네게로 향하여 드사 — 흔쾌히 당신 앞에 모습을 드러내시길 원하며

평강 주시기를 원하노라 — 대인관계가 화평하거나(미드라쉬) 영원하고 온전한 영성(스포르노)을 갖추길 원하노라. 평화란 내면에 전쟁이 없는 상태뿐 아니라, 육신의 필요와 영혼의 숭고한 의무가 조화를 이룬 경지를 일컫는다(오르 하하임).

평화가 가장 소중하다. 제사장의 축복도 평화를 염원하는 구절로 끝을 맺으니 말이다. 즉, 축복이 평화를 동반하지 않으면 무익하다는 얘기다(미드라쉬).

[시두림에서 같은 구절이 세 차례 반복된 것은 신비주의에서 기원을 찾을 수 있다. 이를테면, 주택과 농토에서 각각 3년과

슈마 본문 읽기 3 · 민수기 15:37~41

세 철을 보낸 사람은 그 소유권을 증명할 수 있고, 동물은 난폭한 행동을 세 번 하면 위협적인 습성이 있다고 판단할 수 있다. 따라서 세 번 반복된 구절은 축복이 이스라엘의 영원한 소유가 되기를 기원하는 마음에서 비롯된 것이다.]

הִנֵּה לֹא יָנוּם(히네이 로 야눔) - 보라, 이스라엘을 지키시는 자는 졸지도 아니하고, 주무시지도 아니하시리로다

— 따라서 해를 두려워하지 않고 평안히 잠을 청할 수 있을 것이다(랍비 허쉬).

לִישׁוּעָתְךָ קִוִּיתִי יהוה(리슈아트하 키비티 하쉐임) - 여호와여, 나는 주의 구원을 기다리나이다

세 단어로 이루어진 기도는 일찍이 족장 야곱이 아들 단(Dan)을 축복할 때[창 49:18]로 거슬러 올라간다. 주석가들은 "인간을 의지하여 잠깐의 위기를 모면하는 데 전전하지 않고 당신의 (영원한) 구원을 기다릴 것입니다."라고 해석했다. [ArtScroll 베레쉬트 p. 2167]

랍비 바히야는 유대 신비주의자들이 세 단어로 구성된

기도문에서 구원을 베푸시는 하나님의 거룩한 이름을 발견했다며 거룩한 네 문자(하쉐임)를 조합하려면 기도문을 다음과 같은 순서로 암송해야 한다고 주장했다.

"리슈아트하 키비티 하쉐임," "키비티 하쉐임 리슈아트하," "하쉐임 리슈아트하 키비티"

그러나 혹자에 따르면, 랍비 바히야는 그와는 다른 순서를 선호했다고 하며(하벨Chavel ed. 참고) 슐라(Sh'lah)는 여섯 가지 경우의 수를 밝히기도 했다. (리슈아트하 키비티 하쉐임, 리슈아트하 하쉐임 키비티, 키비티 하쉐임 리슈아트하, 키비티 리슈아트하 하쉐임, 하쉐임 키비티 리슈아트하, 하쉐임 리슈아트하 키비티)

בְּשֵׁם יהוה (버쉐임 하쉐임) - 하쉐임(여호와)의 이름으로
주님의 명령으로 하나님의 천사들은 당신을 호위한다. 이를테면, 미가엘은 하나님의 기적을 행하고, 가브리엘은 전능하신 능력을 전하며, 우리엘은 하나님의 빛을 담으며, 라파엘은 주님의 치유력을 베풀 것이다. 그리고 하나님은 당신의 머리 위에 계신다(랍비 허쉬).

슈마 본문 읽기 3 • 민수기 15:37~41

신비주의자들은 이를 가리켜 (하나님 아래의 중심에 인간을 두고) "의로운 행위는 지상에서 주님의 영광을 비추는, 하나님의 병거"라고 한다(이연 테필라).

שִׁיר הַמַּעֲלוֹת (쉬르 하마알로트) / 시편 128

시편 128편은 저녁 기도 때 낭독한다. 탈무드는(버라호트 57a) 꿈에서 '포도나무'와 '올리브 가지'를 보면 길조라고 기록했다[마테 모쉐 § 401].

저녁에 하루의 수고를 마치고 나면 마음은 더 나은 무언가를 동경하게 되는데 이와 관련하여 본문은 이상적인 유대인 가정이 만끽할 수 있는 즐거움(헌신이 아깝지가 않은 행복이랄까)을 그리고 있다(랍비 허쉬).

יְגִיעַ כַּפֶּיךָ כִּי תֹאכֵל (여기아 카페이하 키 토헬) — 네 손이 수고한대로 먹을 것이라

정직한 수고는 육신과 영혼에 이롭다. 따라서 자선기금으로 살기보다는 자립하도록 노력해야 한다(라닥).

אַשְׁרֶיךָ(아슈레이하) — 복이 있도다(이 세상에서)

וְטוֹב לָךְ(버토브 라흐, 네게 이로울 것이다)(내세에서도) (아보트 4:1)

이와 마찬가지로, 미드라쉬 탄후마는 기적이나 אָבוֹת זְכוּת (즈후트 아보트, 선조의 복)'에 의존해서도 안 된다고 경고한다. 영성계발에 최선을 다한 후라야 하나님께서 복을 내리시기 때문이다.

בְּיַרְכְּתֵי בֵיתֶךָ(버야르크테이 베이테하) — 네 집 내실에 있는
남편을 위해 얌전히 처신하는(탄후마)

שְׁתִלֵי זֵיתִים(슈틸레이 제이팀) — 올리브 가지
다른 가지와는 달리 올리브는 접을 붙일 수가 없다(라쉬). [즉, 이스라엘이 이방민족과의 통혼을 금한다는 것을 비유한다]

סָבִיב לְשֻׁלְחָנֶךָ(사비브 러슐하네하) — 네 상에 둘린
당신이 사랑으로 돌보는 식솔 전체를 일컫는다(랍비 허쉬).

슈마 본문 읽기 3 · 민수기 15:37~41

וּרְאֵה בְּטוּב יְרוּשָׁלָ͏ִם (우르에이 버투브 여루살라임) — 너는 예루살렘의 복을 보며

포로생활을 청산하고 예루살렘으로 돌아올 때 그것의 복을 보며(라닥)

וּרְאֵה־בָנִים לְבָנֶיךָ (우르에이 바님 러바네이하) — 네 자식의 자식을 볼지어다

장수의 축복을 일컫는다. 손자들과 어울릴지어다(라닥).

שָׁלוֹם עַל־יִשְׂרָאֵל (샬롬 알 이스라엘) — 이스라엘에게 평강이 있을지로다!

하나님은 이스라엘의 평화 외에 다른 축복을 담을 그릇이 없으시다(욱쩐Uktzin의 마지막 미쉬나).

רִגְזוּ וְאַל־תֶּחֱטָאוּ (리그주 버알 테헤타우) — 떨며 범죄치 말지어다 [시 4:5]

하나님 앞에서 [두려워] 떨며 죄를 짓지 말라(라쉬).
죄는 생각만 해도 불안해질 정도로 떨어야 한다는 훈계의

메시지다. 따라서 본문은 "죄를 생각하면 정신적인 고통이 찾아오고 속이 뒤집어져야 한다."는 뜻이다. 또한 과거의 죄를 두고 고민한다면 또 다시 죄를 짓진 않을 것이다(샤아레이 테슈바Shaarei Teshuvah 1:4). [2]

אֲדוֹן עוֹלָם(아돈 올람) — 아돈 올람(Adon Olam)

초기 예전시(paytanim) 중 하나인 〈아돈 올람〉은 랍비 슐로모 이븐 가비롤(Shlomo ibn Gabirol)의 작품으로 왕이시며 영원하신 창조주 하나님을 예찬하고 있다. 특히 저녁에

---

[2] 탈무드(버라호트 5a)는 본문을 다음과 같이 해석했다. '사람은 יֵצֶר טוֹב(예쩨르 하토브, 선한 성향)를 자극하고 יֵצֶר הָרָע(예쩨르 하라, 악한 성향)와 싸워야 한다. "רִגְזוּ וְאַל־תֶּחֱטָאוּ(리그주 버알 테헤타우, 흥분되거나 동요되더라도 죄를 범치 말라)"라고 기록된 바와 같이 말이다. 악을 꺾는다면 좋겠지만 그러지 못한다면 토라를 연구해야 한다. 말씀에 "אִמְרוּ בִלְבַבְכֶם(임루 빌바브헴, 심중에 비추고, 말하고)"이라고 하지 않았는가? 항상 이기면 좋겠지만 그러지 못한다면 "מִשְׁכַּבְכֶם עַל(알 미쉬카브헴, 침상에 있을 때)"이라고 기록된 것처럼, 잠을 청하기 전에 슈마를 낭독해야 할 것이다(이는 하나님의 주권을 인정하게 된다). 상대를 정복하면 좋겠으나 그러지 못한다면 임종을 생각해야 할 것이다. 기록에 "סֶלָה וְדֹמּוּ(버도무 셀라, 잠잠하라. 셀라.)"라고 했으니 말이다.'
고대 랍비들은 인생을 '추악한 욕망(혹은 정욕)과의 끊임없는 씨름'이라고 강조했다. 이와 관련하여 호보트 하레바보트(Chovos haLevavos)(이후드 하마아세 Yichud haMa'aseh, 5)에 게재된 일화를 보자.
어느 경건한 사람이 한 차례 전쟁을 치르고 복귀하는 군인들과 마주쳤다. "여러분이 치른 전쟁은 비교적 미미한 교전에 불과하오. 지금부터는 평범한 일상을 대비하시오. 악한 성향 및 그 졸개들과 맞서는 것이야말로 대전(great war) 중의 대전이기 때문입니다." (ArtScroll 시편Tehillim 개요 참고)

암송하기 적절한 까닭은 마지막 절에서 "잠이 들 때 그의 손에 내 영혼을 맡기렵니다."라고 노래했기 때문이다.

다음은 랍비 노손 셰르만이 쓴 ArtScroll 시두르 주석에서 선별한 것이다.

אֲזַי מֶלֶךְ שְׁמוֹ נִקְרָא(아자이 멜레흐 슈모 니크라) ─ 그분의 이름이 '왕'이라 선포되었습니다

하나님은 천지가 창조되기 전부터 통치하셨으므로 그의 위엄을 선포할 수 있는 존재는 없었다. 주님이 만물을 창조키로 계획하셨을 때 비로소 '왕'이라는 칭호가 선포될 수 있었다(ibid).

וְאַחֲרֵי כִּכְלוֹת הַכֹּל(베아하레이 키흘로트 하콜) ─ 만물의 존재가 끊어진 후에는

이스라엘이 그의 영원한 나라가 되리라는 하나님의 약속덕택에 우주는 멸망하지 않을 것이나 악의 존재는 결국 끊어질 것이다. 악이 세상을 지배하는 한, 그는 하나님의 주권이 인정을 받지 못하도록 막을 것이다. 그러나 악이 사라지면

하나님께서 홀로 통치하실 것이다. 주님을 의심할 자가 없을 테니까(에쯔 요세프).

בְּלִי רֵאשִׁית (벌리 레이쉬트) — 시작도 없고
하나님은 육신을 입은 존재가 아니며 스스로 존재하는 분이다. 시공도 그를 묶어둘 순 없다(에쯔 요세프).

בְּלִי תַכְלִית (벌리 타흘리트) — 끝도 없도다
하나님은 영원히 존재하는 분이므로 인내력에도 한이 없으시다. 의욕과 지배력이 있어야만 계획을 공포·시행할 수 있는 왕과는 달리, 하나님은 계획을 성취하는 데 아무런 제약이 없다는 것을 잘 아신다. 하나님의 약속과 목적은 — 오랜 세월이 걸리겠지만 — 반드시 이루어진다는 것을 알기에 우리 믿음은 더욱 확고해질 수밖에 없다(ibid).

נִסִּי וּמָנוֹס (니시 우마노스) — 나의 깃발이시며 피난처시니
내가 승리할 때 하나님은 나를 인도하는 깃발이 되시며(랍비 허쉬) 패배할 때는 나를 보호하는 피난처가 되신다(에쯔 요세프).

וְאָעִירָה(버아이라) — 그리고 나는 잠에서 깰 것이다!

[매일 밤, 잠을 청할 때마다 영혼을 하나님께 맡기나 아침이 되면 이를 내게 돌려주시리라 확신한다. 잠에서 깬다는 것은 새날을 맞이하는 각오를 일컫는다.]

וְעִם רוּחִי גְוִיָּתִי(버임 루히 그비야티) — 영혼과 육체가 함께 있고

하나님께서 내 육신과 영혼을 다시 결합하시리라 믿으므로 나는 두려워하지 않을 것이다(에쯔 요세프).

슈마와 십계명

탈무드(타미드 12a)에 따르면, 과거의 랍비들은 십계명이 유대교 신앙의 헌장과 흡사한 탓에 이를 '슈마'에 포함시켰다고 한다. 그러나 하나님이 시내산에서 주신 말씀은 십계명뿐이며 토라의 나머지는 그렇지 않다고 주장하는 이단(heretics) 때문에 십계명을 '슈마'에서 제외시켰다(버라호트 12a). 그럼

에도 여루샬미(Berachos 1:5)는 십계명의 각 조항이 슈마에 그대로 나타난다며 이같이 기록했다.

- '나는 여호와, 너의 하나님이다'는 '들으라 이스라엘, 여호와는 우리의 하나님이시다'와 상통하며
- '다른 신을 인정하지 말라'는 '여호와는 한분이시며'를 일컫는다.
- 왕을 진정 사랑하는 사람은 그의 이름을 들먹이며 거짓맹세하지 않으므로 '헛된 맹세에 하나님의 이름을 들먹이지 말라'는 '여호와, 너의 하나님을 사랑하라'와 일맥상통할 것이다.
- 그리고 '안식일을 기억하라'는 '계명은 모두 기억하고 지켜야 한다'를 가리킨다. 성경은 '거룩한 안식일을 그들에게 알리시며 주의 종 모세를 통하여 계명과 율례와 율법을 그들에게 명령하시고(느 9:14)'에서와 같이 안식일을 지키는 것과 계명을 모두 준행하는 것을 동일하게 여겼기 때문이다.
- '부모를 공경하면 네 생명이 길 것이다'는 '너의 날과

자녀의 날이 더할 것이다'와 상통하며
- '살인하지 말라'는 말씀을 범하면 그도 '즉시 죽을 것이다.' 살인자는 살인으로 갚아야 하기 때문이다.
- '간음하지 말라'는 '마음과 눈을 따라 그릇된 길로 행하지 않을 때' 지킬 수 있는 것이다. 이 두 기관(눈과 마음)은 죄를 부추기는 촉매역할을 하기 때문이다(눈으로 보면 죄를 짓고픈 마음이 생긴다).
- '도적질하지 말라'는 말씀은 '네 곡식을 모을 것이다(즉, 이웃의 것이 아닌 자신의 곡식을 가리킨다)'와 상통한다.
- '거짓증언하지 말라'는 '여호와, 너의 하나님은 진리'라는 '길'을 걸어야 한다는 의미이며
- '네 이웃의 집을 탐내지 말라'는—네 이웃집이 아닌—'네 집' 문설주에 있는 메주자 계명에 함축되어 있다.

따라서 슈마를 매일 암송하는 자는 사실상 십계명도 인정하는 셈이다(랍비 아브로홈 하임 퓨에르의 ArtScroll 십계명 주석).